菊池道場
連続
セミナー
シリーズ1

「タックマンモデル」で
成長の1年間を
構想する

クラスづくりのゴールイメージ

菊池省三
牧野真雄
堀井悠平

中村堂

はじめに

「菊池道場連続セミナー」について

菊池道場オンラインセミナー実行委員会

はじめに

「菊池道場連続セミナー」について

菊池道場オンラインセミナー実行委員会

1 「菊池道場連続セミナーシリーズ」発刊にあたって

　本書は、「菊池道場連続セミナーシリーズ」の第１巻です。
「菊池道場連続セミナー」は、2023年５月３日から６月４日までの約１か月の間に、オンライン(ウェビナー形式)で５回実施されました。
「『菊池実践』の進化・深化をめざして、機関誌、書籍をもとに学び合おう！」との趣旨で開催され、「授業を変えよう」との菊池省三道場長による提言をテーマの軸として、５回の講座の中で具体的な改革の内容とその根底となる「観」を学びました。
　実施した講座のテーマ等は、以下の通りです。

	日程	テーマ	テキスト	講師
第１回	2023年５月３日(水) 午前９時〜12時	「タックマンモデル」で成長の１年間を構想する	・「白熱する教室」第28号 ・社会を生きぬく力は小学校１時間の授業にあった	・菊池省三道場長 ・牧野真雄愛媛支部支部長 ・堀井悠平徳島支部支部長
第２回	2023年５月６日(土) 午前９時〜12時	「10割ほめる力」を鍛えよう - 教師のみる目	・「白熱する教室」第26号	・菊池省三道場長 ・是永かな子教授(高知大学教職大学院)
第３回	2023年５月14日(日) 午前９時〜12時	豊かな対話・話し合いのある授業をつくろう	・「白熱する教室」第25号 ・「白熱する教室」第32号 ・子どもたちが生き生きと輝く対話・話し合いの授業づくり	・菊池省三道場長 ・久後龍馬兵庫支部副支部長 ・植本京介千葉支部
第４回	2023年５月27日(土) 午前９時〜12時	授業を変えよう－授業ライブ力を磨く	・授業を変えよう	・菊池省三道場長 ・中國達彬福山支部支部長 ・由川裕治熊本支部支部長
第５回	2023年６月４日(日) 午前９時〜12時	ストップモーションによる授業分析 ※菊池道場長の授業動画をもとに実施	・「白熱する教室」第30号 ・授業を変えよう	・菊池省三道場長 ・江﨑高英兵庫支部支部長 ・西村昌平岡山支部支部長

▲行われた講座の日程と内容等

「授業を変えよう」という菊池道場長の呼びかけの具体的な内容は、書籍「授業を変えよう」(中村堂　2022年7月)の中で詳細に示されています。

今回の連続セミナーでは、菊池学級の授業や、菊池道場長による飛込授業を教材として、各回講師による分析と道場長との対話により、「授業を変えよう」の内容の具体化を進めました。

また、セミナーはウェビナー形式で行われましたが、参加者の積極的な質問を受け付け、双方向の学びになるように進められました。

こうした5回の連続セミナーは、大きな反響を呼び、その感想を伝え聞いた方々からは、聞き逃した講座の内容を是非学びたいとの声が届きました。

全5回を終了した時点で、現在の菊池道場の学びの進化と深化を世に問うと共に、記録としても整理しておく必要があると考え、今回、全5冊の書籍として発刊することにいたしました。

「授業を変えよう」との呼びかけは、「教師よ、今こそ本気で授業を変えよう！　子どもを見つめる本気の教師になろう」との意味であることを、このシリーズの中で読みとり、感じとっていただくことができるのではないかと思っています。

2　第1回セミナーについて

第1回セミナーのテーマは、「『タックマンモデル』で成長の1年間を構想する」です。

菊池道場では、チームの成長モデルである「タックマンモデル」について、「社会を生きぬく力は小学校1時間の授業にあった(コミュニケーション科叢書②)」(中村堂　2021年9月)と、菊池道場機関誌「白熱する教室　第28号(2022年春号)」(中村堂　2022年4月)の特集の中で、教室の成長に当てはめて考える提案を行ってきました。

目の前の子どもたちの状況を教師が見つめると同時に、1年後の成長のゴールイメージを見据える中で、教師と子ども、子ども同士の関係性を育んでいくことの重要性を「タックマンモデル」は教えてくれます。
第１回の講師は、菊池道場愛媛支部の牧野真雄支部長と、徳島支部の堀井悠平支部長です。
牧野支部長は、先に挙げた２冊の書籍の中で、「タックマンモデル」を教室の実践に当てはめる提案をしていただきました。現在、多方面に活躍中の牧野支部長のプロフィールです。

1980 年愛知県生まれ
徳島大学総合科学部人間行動研究コース卒業
株式会社カイシン、リマネージ株式会社　代表取締役
愛媛大学社会連携機構メンター
外食コンサルティング会社、人材コンサルティング会社を経て、2012 年株式会社カイシン設立
研修講師、組織開発、事業戦略等のコンサルティングに従事
　講演受講者は、３万人を超える
聖カタリナ大学非常勤講師、松山東雲未来大学ビジネス講座講師を歴任
専門領域は、総合組織開発、チームビルディング、アクションラーニング、ダイアログファシリテーション
著書に、「一人も見捨てない教育の実現 挑戦！四国四県からの発信！」「社会を生きぬく力は　小学校１時間の授業にあった（コミュニケーション科叢書２）」（共に中村堂）。

堀井支部長には、書籍「『５分の１黒板』からの授業革命 新時代の白熱する教室のつくり方」（コミュニケーション科叢書③）」（中村堂 2022 年１月）を徳島支部のメンバーと共に、「タックマンモデル」を念頭に、価値語を軸として、豊かな対話・話し合いのある教室をつくる理論と実践をまとめていただきました。堀井支部長のプロフィールです。

1991 年徳島県生まれ
高校時代、夏の全国高校野球選手権大会に出場
関西大学人間健康学部卒業
2014 年から徳島県公立小学校教諭
2022 年から、徳島県小学校教育研究会特別活動部会・研修部長。
2022 年開催 「第 10 回菊池道場全国大会第 7 分科会」運営
2022 年開催 まるごと研「学級づくり低学年」担当
2023 年開催 「菊池道場オンライン連続セミナー」講師
著書に、「一人も見捨てない教育の実現 挑戦！四国四県からの発信！」「「5 分の 1 黒板」からの授業革命 新時代の白熱する教室のつくり方 (コミュニケーション科叢書 3) 」(共に中村堂) など。

セミナーは、菊池道場長、牧野支部長、堀井支部長の基調提案ののち、菊池道場長の授業動画を教材として分析をするというプログラムで 3 時間行われました。

▲配信された連続セミナー第 1 回

もくじ

第１章

１年間を見通したクラスづくりの重要性

菊池道場　道場長
菊池　省三

第１章

１年間を見通したクラスづくりの重要性

菊池道場　道場長　菊池　省三

１　はじめに

今日は、2023年のゴールデンウィークの最初の日（5月3日）です。そんな日の午前９時から３時間の予定で「機関誌・書籍で学ぶ　菊池道場オンライン連続セミナー」を５回シリーズで始めることになりました。

事前に予告編としてYouTubeに短い動画を２本上げていただいていますが、その中でもお話ししている通り、私自身がこの連続講座を大変楽しみにしています。

▲オンライン連続セミナーに寄せる菊池省三道場長の思い（YouTube　前半３分46秒、後半１分44秒）

私は、教師として学級経営を33年間にわたり取り組んできました。そして、教師の仕事を辞めてからは、この７年間、「授業を変えよう」(中村堂、2022年)の中にも書きましたように、約1,500回の飛込授業をしてまいりました。そうした段階を経て、今回このような形で５回のシリーズを企画できたこと、そして多くの方々がこの企画にご賛同くださったことを大変喜んでいます。同時に、この企画は、大変魅力のあるものだと思っています。

このシリーズでは、菊池道場に関わっていただいている総勢９人の先生方に、私の授業を分析していただき、共に学んでいくことになります。「共に学ぶ」ということが、私にとって最高の喜びであり、本当に嬉しいのです。こういう立場になるということ、こういうケースに恵まれるということはないのではないかと思い、自分自身ワクワクして、この場に臨んでいる次第です。

全5回の第1回に当たる今回は、「1年間を構想する」「1年間を見通す」がテーマです。第2回では、ここ数年、私が提案している「10割ほめる」がテーマです。第3回は、「豊かな対話・話し合いが成立し、加速していく授業構成の在り方」をテーマとします。第4回は、「一斉授業を転換する授業ライブ力」がテーマになります。そして、最後の第5回では、それまでの4回のテーマを包括する形で、私の授業をストップモーション形式で分析してまいります。

厳選されたテーマが並んだこの5回のシリーズは、繰り返しになりますが、私にとって最高の学びの場になるのではないかと思っています。おかしな言い方かもしれませんが、参加していただく先生方と共に、今日からさらなる高みに向かって同じ歩調で学びをしていきたいと思います。ご参加されている方々も、どうかそういう気持ちをもっていただいて、お互いにもち合って、この5回の連続セミナーを進めていけたらいいな、と思っているところです。どうか、よろしくお願いいたします。

2 「タックマンモデル」と出合って

第1回のテーマの中心である「タックンマモデル(下図参照)」は、「1

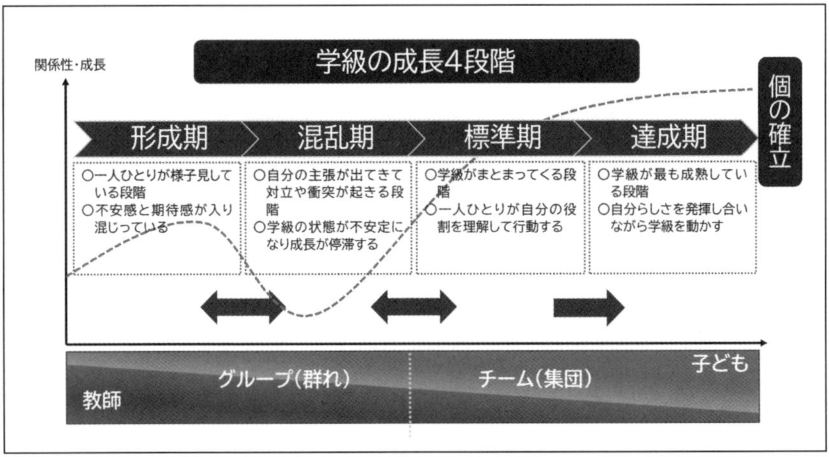

年間を見通す」ということが考え方の土台にあると理解しています。

2023年5月1日に五島列島の福江島にある長崎県五島市の小学校にお伺いしました。菊池道場長崎支部支部長の古里夕紀奈先生のご尽力で実現しました。3年生、4年生、5年生の3学年での授業でした。とても面白かったです。3、4、5と連続で授業をさせていただいたことで、1年間の子どもの成長はすごいなということに気づかせていただきました。たとえば、いろいろな課題があると言われている教室でも、前学年と比べたら違いますし、後の学年と比較しても違うわけです。その意味で、1年間は長いですし、いろいろなことができるということを、再確認したところです

自分自身の現役時代の教室のことを思い返してみると、やはり「1年間」という期間を意識して学級づくりをしていました。その学年の学習内容や教科書の内容を1年間でどのように指導していこうか、どのようなステップで指導していこうかと考えることは当然ですが、年間を通して、教師としての自分の教育技術をどう高めていくかということや、さらに、1年間を通して、教室をどのように育てていこうか、ということは絶えず考え続けていました。

今日これからお話しいただく菊池道場愛媛支部支部長の牧野真雄先生が私たちに紹介してくださった「タックマンモデル」を学ぶことで、学習者、あるいは学級というものをどのように1年間の中で成長させていくかということを、現役時代にいだいていた気持ちとはちょっと違う感じで、「1年間を通しての指導の必要性」の意味を考えるようになりました。

1970年代から80年代にかけて、藤岡信勝先生が、「授業の構成要素は4つある」と主張されました。「1つめは、学習内容。2つめは、それを教えるための素材・教材。3つめが、教育技術。そして、4つめは、学習者である」という内容だったと記憶しています。学習内容や教材や、教育技術に関しては、つまり4つの内の前者の3つに関しては、私もそれなりに年間を通して考えてきたと思います。年間のカリキュラムの

ようなものも作成していました。

ただ、４つめの学習者という視点について、年間を通してどのように指導をし、どのように育てていくかということについて、多少は感覚としてもっていたとは思いますが、「タックマンモデル」に出合うまでは、そのことを強く考え、実践していたかというと、はてなマークが浮かんでくるというのが正直なところです。

学校で行われるいろいろな行事をポイントとして、学級経営、組織、集団の成長について、年間の計画を立てていましたが、それもどこまで自覚的であっただろうかと考えてしまいます。年間の学級目標をつくり、学期ごとの学級目標をつくって子どもたちと学んでいましたが、そのレベルで満足してしまっていたのではないかと思います。成長年表をつくり、価値語指導を通して、１年間かけて子ども、学級を育てていこうと取り組んでいましたが、やはり、そのレベルだったのではないかと、今になって、私は反省しているのです。

▲菊池学級のある年の成長年表

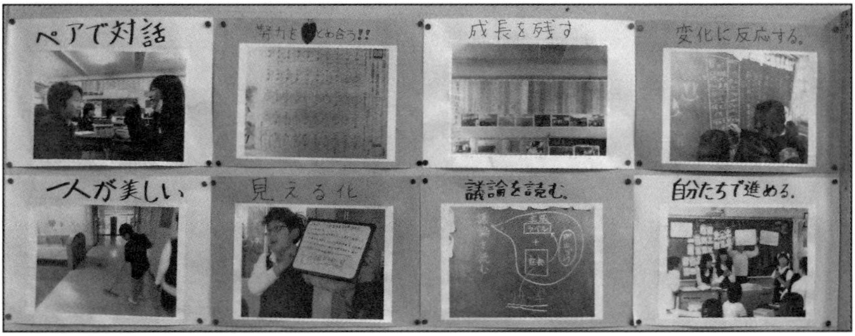

▲菊池学級の価値語モデル

「タックマンモデル」の前身として、「成長曲線」を年度の初めには教室の子どもたちにも示していました。

「成長曲線」は、「B→A→ＳＡ (Super Ａ)」という成長の段階を示したもので、「ＳＡ」をめざして成長していこうと呼びかけました。そうした指導の結果、ある児童が作った「成長曲線」のグラフが下の写真です。成長のための分岐点があることを理解して、子どもたちは友達と一緒に成長していってくれました。

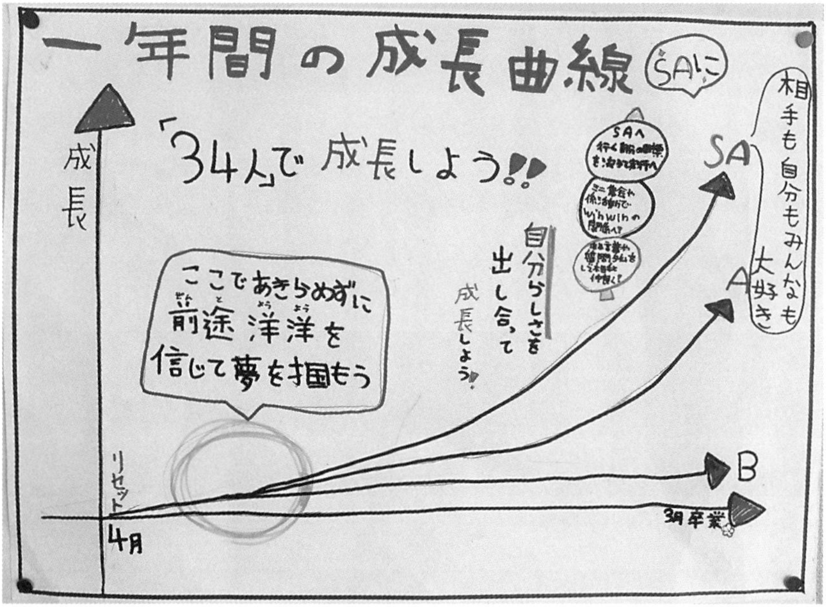

▲菊池学級の児童が描いた「成長曲線」

その後「タックマンモデル」に出合い、モデルが示す６つ、あるいはその中心となる４つの「期」の在り方などを学びました。「タックマンモデル」を学びながら、私の現役時代に、この中で示されていることを想定しながら１年間を通した学級経営や授業づくりができていたかとふり返ってみると、「ちょっと自信がないな」というのが正直な気持ちです。１年間の学級経営に関してモヤモヤとしていたところが、「タックマンモデル」という理論に出合うことによって、随分すっきりしてきたと思っています。

今回の連続セミナーでは、そのことを改めて掘り下げることができるという期待で、本当に嬉しく、そして楽しみにしています。

私は、「『5分の1黒板』対話型授業における価値語ベスト10」をまとめ、菊池道場機関誌「白熱する教室　第32号」に掲載しました(次ページ参照)。

1時間の対話・話し合い型の授業をする上で、「5分の1黒板」で示したい価値語を10の視点で挙げたものです。また、1時間だけではなく、年間を通してこの価値語を軸にして、対話・話し合いの授業をつくっていく必要があるという思いもあります。

今日は、これまで「タックマンモデル」を菊池道場で提唱してくださった牧野支部長と、それを「5分の1黒板」と関連づけて研究されてきた堀井支部長のお二人と一緒に、学ぶ機会をいただいたことを本当に嬉しく思っております。どうか、よろしくお願いいたします。

3　1年間の見通しをもったクラスづくりの重要性

現在、全国各地にお伺いする中で、いろいろな質問を受けます。その中で少し気になることは、その多くは「～というトラブルが起こっているのですが、どうしたらいいですか？」という質問だということです。何が言いたいかと言うと、対症療法としてはトラブルが起これば、その都度、何らかの手立てを打つ必要があることは当然ですから、質問をなさる気持ちも分からないわけではありません。

ただ、そうしたトラブルに対応することが毎日毎日、ずっと1年間続いているのではないかと思うことがあるのです。つまり、「年間を見通す」という視点がない結果、その都度、その都度の対症療法になってしまっているのではないかと思うのです。

「５分の１黒板」対話型授業における価値語ベスト10

対話型の授業を行う時に、５分の１黒板に書きたい価値語です。授業開始から授業の流れに沿って、「順番」に書いていくことをイメージしながら考えたものです。

パソコンでいうOSのはたらきがあると考えています。

１．ほんわかとした空気・・・・・・めざす授業の軸を意識させる
　○空気、空気感、温かい○○（笑顔、声など）

２．やる気の姿勢・・・・・・・学び合うための学習規律を教える
　○切り替えスピード、パッと反応、音を消す

３．公の言葉・・・・・・・・・・・知的な学びの在り方を教える
　○品よく、言葉と心、大人（たいじん）になろう

４．「自分→友だち」・・・・・・・安心感のある学び合い方を示す
　○学び合う教室、一人も見捨てない、安心して考える

５．ひとりひとりちがっていい・・・納得解をめざす考え方を促す
　○ちがいは自分らしさ、自分の言葉で話す、即興力

６．１人が美しい・・・・・・・・・・・・考え続ける個を育てる
　○群れるな・挑め・語れ、カッコいい姿、野武士のごとく

７．独りぼっちをつくらない・・・・・・・学び合う集団を育てる
　○教室は家族、つながり合う、関わり合う集団

８．対話は笑顔から・・・・・・・・・・・・人と論を区別させる
　○対話のサイクル、上機嫌、聞き上手

９．あっ！思いついた・・・・・・・・・能動的な聞く力を育てる
　○リアクション、反応せよ！、傾聴力

10．自己内対話・・・・・・・・・健全な批判的な聞く力を育てる
　○聞くは積極的、真の白熱、考え続けよ

その種の質問をいただくと、それらは目の前で起こっている切迫した問題でしょうから、私としてもできる限りのことを考え、お答えさせていただきます。ただ、当然それは対症療法的な答えにしかならないわけです。学校現場が多忙だということは十分理解していますが、どうも現在の学校は「年間の見通しをもつ」という視点が弱いのではないかということを思わざるを得ないのです。

こうした意味において、授業づくり、学級づくり、そして、学校づくり、全て連動しているこれらのことに対し、今日のテーマである「1年間を見通す」視点をもった「タックマンモデル」を踏まえた指導を進めていくということは、今、私たちの日々の指導の中で本当に重要であると思います。

今日のテキストの「社会を生きぬく力は　小学校1時間の授業にあった（コミュニケーション科叢書②）」ですが、私は学校現場にいる時から、1単位時間の45分や50分の授業の中には、学校を卒業してから、社会の中で生きぬいていく際に必要な力が全部入っていると思っていました。また、そうでなくてはいけないとも思っていました。それは、学習内容をどうするか、教育技術をどうするか、というレベルに留まることではないと思います。

1時間の授業－本当に今、一人ひとりの先生方の「授業観」が問われています。

幸いなことに、「5分の1黒板」の理論と実際を、堀井支部長をはじめとする徳島支部のメンバーにまとめていただきました。「5分の1黒板」は、授業を動かす基本・土台となるもので、パソコンのＯＳに当たるものだと思っています。左側の5分の1のＯＳによって、残りの部分の教科の内容、授業の内容がスムーズに回っていくというイメージです。こうしたことを徳島支部の方々が整理をしてくださったわけです。

たかが1時間の授業ですが、されど1時間の授業です。私が愛媛県松山市の小学校で行った1時間の飛込授業を、愛媛支部の皆さんが、牧野支部長の幅広い人脈をフル動員して、「教育カウンセリング」「コミュニケーション心理学 (NLP 理論)」「選択理論心理学」「チームビルディング (統合組織開発)」の視点で徹底分析してくださいました。さらに、ＩＴ企業幹部、アナウンサー、市議会議員、企業人事担当者の方たちに、私の授業の参観の感想をまとめていただき、「社会を生きぬく力は　小学校１時間の授業にあった」は１冊の本として完成しました。

この２つの支部の活動の根底には、１年間を通して教室、授業、子どもたちを育てるというぶれない信念があると思います。今日は、今後のシリーズの最初として、２回め以降の土台となることが学べるのではないかと思います。

私自身も一生懸命頑張ります。

どうかよろしくお願いいたします。

第 2 章

「タックマンモデル」と教室の成長

菊池道場愛媛支部支部長
牧野　真雄

第 2 章

「タックマンモデル」と教室の成長

菊池道場愛媛支部支部長　**牧野　真雄**

1 「タックマンモデル」の概要

菊池道場愛媛支部の牧野真雄です。「はじめに」でプロフィールをご紹介いただきましたように、教師ではなく、企業の組織開発をサポートする仕事をしています。様々な企業にお伺いして、人材育成、企業の組織・職場の活性化、そしてそれらを通して、会社全体をどのようにしてよくしていくかということを共に考え、改善していくという仕事です。私は、愛媛県松山市に住んでいますので、愛媛県内の企業さんを中心に、県外の企業さんにも多くお伺いしています。

「タックマンモデル」につきまして、最初に簡単に紹介いたします。

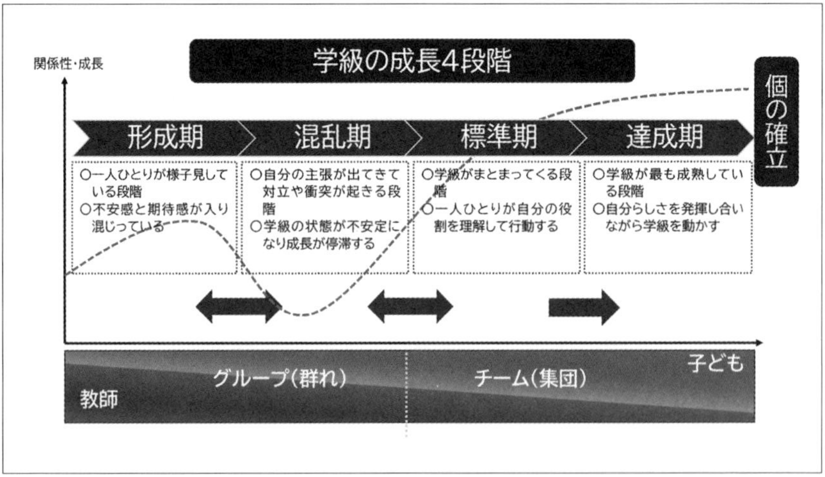

「タックマンモデル」を理解し、実践するためには、まず概要として以下の３つの要点を押さえておく必要があります。

【要点１】

共通の目的やゴールのある２人以上の集団をチームと呼び、それらがない集団はグループと呼ぶ。そのため、一つの集団内でもめざすゴールとメンバーの掛け合わせによってチームは複数存在する。

【要点２】

チームには四段階の成長プロセスがあり、チームよってはどこかの段階で停滞することもあり、また各段階を往来することもある。

【要点３】

過去に各段階を経験したメンバーが多いチームは、その段階までは成長しやすい。

次に、学級づくりにおいて重要なポイントを３点挙げます。

・教師と児童・生徒、個人の関係性にもタックマンモデルの段階が当てはまるということ。
・学級内でも、クラス全員、係活動、委員会活動、授業における話し合いグループなど複数のチームが存在しているということ。
・その小さいチームで高段階の成長を経験している児童・生徒が多ければ、学級全体の成長も促進されるということ。

菊池実践ではこれらの重要なポイントを全て網羅した学級づくりがされていることに私は気づきました。教師ではない私が菊池実践に惹かれるようになったのは、この理由によります。

「タックマンモデル」の考え方の基本は、「チームというものは成長する」ということと、「その成長には段階がある」ということです。そして、その成長の段階には、それぞれの要素と特徴があり、時間が経てば、どのチームも必ず成長するわけではなく、成長のための要素がしっかり揃うということが必要になります。これが、最初に押さえておかなくてはいけない「タックマンモデル」の根底にある考え方です。
　では、「タックマンモデル」の成長段階について、説明します。
「タックマンモデル」には、「形成期」「混乱期」「標準期」「達成期」の４つの段階があります。
（この前に「準備期」、このあとに「解散期」というものが含まれるという図で説明されることもあります。）
　今回は、「達成期」をめざして１年間取り組んでいくということですので、「達成期」までの４つの段階について紹介していきます。
　まず、「形成期」です。新しい学級が始まってすぐの段階ですので、次のようなことが挙げられます。

＜形成期の特徴＞

・お互いに様子見をする
・集団行動はリーダー的立場の者に依存する
・事なかれ主義であり本音でなく建前で話す
・チームの目的やゴールは浸透していない
・関係性が希薄であり、互いの理解が少ない
・興味やエネルギーは自分のことに向かい個人商店状態になる
・個性や主張は抑制されている

　どのような集団でもそうですが、まだ人間関係ができていないため、周りがどのような反応をするか見通せないので、自分がどういう動きをしたらよいのかが分からず、様子を見ているという段階です。あまり自分を出さないですし、主張もしません。結果、建前で話をしたり、事なかれ主義でいますから対立したりすることもありません。そうした中でもけん制し合ったり、自分のポジションを確立していこうという動きが起きたりすることはあります。ただ、それはおそらく集団の中の一部の人間の行動で、ほとんどの人は、役割をもって動かしていく人の言動をよく観察します。学級で言えば、それは明らかに教師になります。子ど

もたちは、教師の一挙手一投足を「どんな人なんだろう？」という視線で、注目しています。

同時に、自分は、あるいは自分たちは、どう動いていけばいいかを考えています。こうした「形成期」は、だいたい４月、あるいは５月に入るくらい、４月が中心になると思います。子どもは、教師のことをとてもよく見ています。子ども同士も、お互いに見合っています。「どんな先生なんだろう。どんなコミュニケーションなんだろう」という気持ちで、様子を見ているのです。

22ページの図の下部に波型の曲線があります。この線は、チームのパフォーマンスを表しています。つまり、その学級、そのチームが出せる成果、言い換えれば、力がどれだけ発揮できるかという状態を表しています。

「形成期」は、ほぼ山が上がっていく状態です。お互いに様子を見ながら、主張も強くはしませんが、それでも組織に溶け込みたいと思い、緊張状態は和らげたいと思っています。人は誰しも仲良くなろうとします。仲良くなりたいと思うことで、関係性をつくっていくのです。本音を出したり、本気でぶつかり合ったりすることはしませんが、じわじわと関係性ができていくので、教室、組織のパフォーマンスは上がっていく、そんな状態だと思います。

次は、「混乱期」です。「混乱期」の特徴としては次のようなことが挙げられます。

＜混乱期の特徴＞

・それぞれのメンバーが自己主張を強めるために摩擦や衝突が起きる
・興味やエネルギーがチーム内の他者に向かう
・形成期よりも物事が進む速度が遅くなる
・意見の通る者と意見が通らない者という力関係が生じる
・意見が通らない者は不安や諦めを感じる

＜成長段階を越えるポイント＞

・仲間意識ができている
・心理的安全性（安全な場）がつくられている
・自信と自己肯定感が高まっている
・チームのゴールや目的に対してのやる気が高まっている
・特定のメンバーが主張するだけでなく、互いに自己開示をし合う（「らしさ」の表出）
・自己開示や主張に対して他者受容して、互いを理解し合う
・人としての対立ではなく、意見の対立になっている
・コミュニケーションのキャッチボールができており対話がなされている
・成功体験と喜びを共有しあう

「混乱期」では、それぞれが主張をし始めます。

自分の主張をきちんとし始めたり、主張が増えていったりすると、主張と主張がぶつかるようになり、対立が起きてくるようになります。対立が起きるといわゆる力関係というか、声が大きくて意見が通る子と、声が小さくて意見が通らない子が出てきます。A君が言うと意見が通るけれど、B君が言っても意見が通らない、というような力関係が生じると、関わり方にいろいろな変化が起きてきます。場合によっては、ぶつかったり、けんかをしたりということもあるかもしれません。

そうなると、押さえ込まれたり、強く言われたりした方は、不安を感じます。お互いに不安な状態になると思いますが、そうした状態が続くと、諦めてしまう子どもも出てきます。「こんなふうになるのなら意見を言わない方がいい」「意見を言っても否定されるだけだから、言うのはやめよう」と思ってしまうのです。

右のページの図の「混乱期」の部分の上に書いてある４つ(自己主張、対立、不安、諦め)は、このことを表しています。

その下に書いてある「自己開示、他者受容、対話、相互理解」を説明します。

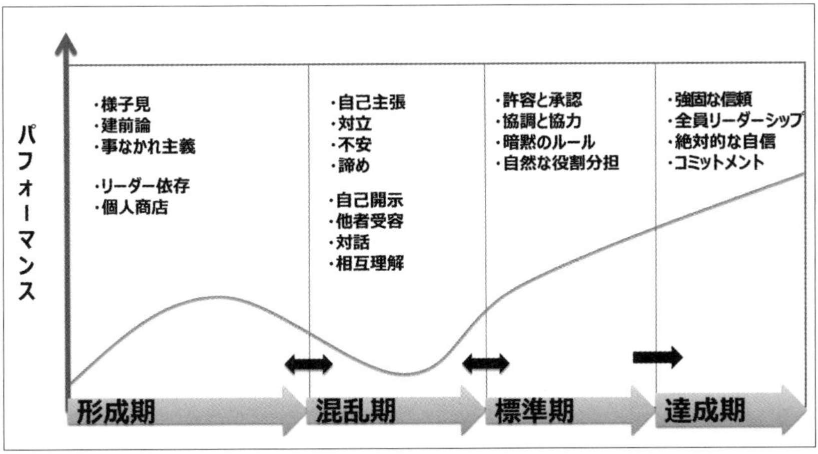

「混乱期」というネーミングは、負のイメージがありますが、主張し合い、意見を言い合うこと自体は、全く悪くないことです。話し合いの授業とは、そういうものだからです。「対話・話し合いをしましょう」と呼びかけているわけですから、言わないことには対話になりませんし、対話をすれば意見の対立は必ず起きます。

「混乱期」とは、次に向かっていくための段階です。まず、自己開示をする。「実は自分は、こういうふうに思っている」ということを伝えるということです。私は、自己主張と自己開示の大きな違いは、「その意見に気持ちが入っている」ことだと思っています。「こんなことを考えている。こんな気持ちでいる」ということを言えるのが自己開示です。

授業の中で「話し合いましょう。答えを言いましょう」と言って、それぞれが自分の考えたことを主張することは、自己主張だと思います。自己開示は、「私はこんなことを感じていて…。○○さんの意見について、……と思っていて」と、最初は言いづらいと感じていることも頑張って発言をする。そうした自分の気持ちが入った主張をしていく。そんなことを子ども同士がすることを自己開示だと思います。

他者受容は、受け入れることと、受け止めることができるかという 2 点がとても重要です。受け入れて受け止めることができれば、対話が成り立ちます。授業の中で、普段のコミュニケーションにおいても、相手の主張したことをきちんと聞いて、聞いたことを返してあげることができれば、対話になるのです。

まず､自分が感じ取っている気持ちを相手に伝える。伝えられた側は、それをしっかりと受け止めた上で、また気持ちを込めて返すという対話が成り立っているチームは、成長します。学級も成長します。そして、相互理解をし合い､お互いを認め合う相互承認へとつながっていきます。この状態が続いていくと「混乱期」から「標準期」へと移行していきます。

図の中には書いていないことですが、「混乱期」から「標準期」に移行していくには、成功体験が必要だと私は考えています。みんなで取り組んでうまくできたとか、山を乗り越えたという経験、体験がとても重要です。

「標準期」の特徴としては次のようなことが挙げられます。

＜標準期の特徴＞

・お互いの違いを許容し承認し合っている
・チームのゴールや目的が共通認識となっている
・暗黙のルールのもとに協調し合う
・自然と役割分担が決まり、各自が主体的に行動する
・個人商店ではなく協力して物事にあたる

「標準期」では、お互いを許容したり、承認し合ったり、協調性が高くなったり、協力し合ったりするようになります。前ページ図の中に暗黙のルールという言葉がありますが､自然にできる役割分担と言いますか、自分が立ち回るべきことが自覚できていて、「この時はこのように動けばいいな」ということを察知して、それぞれが動くようになります。教師が指示を出して、「あれをしなさい。これをしなさい」と指示を出さなくても､「あの時はあのようにしたな。ここではこうすればいいんだな」と察知して動くようになります。そういう状態になっていく時期が「標

準期」です。名前の通り「標準期」ですから、この段階でようやくチームとしての力を発揮することができるようになります。

最後に「達成期」です。

<達成期の特徴>
・メンバー同士の強固な信頼関係がある
・全員がそれぞれ場面ごとにリーダーシップを発揮する
・誰かの指示ではなく、主体的に行動する
・意見の対立や衝突があっても関係性が壊れない
・チームに対する絶対的な自信がある
・卓越した達成意欲と挑戦意欲がある

「達成期」に到達することは大変難しいと私は考えています。それまでの段階との違いは、信頼関係がとても深くなっていて、全員がリーダーシップを発揮しうるということです。

学級の中には、リーダーシップを発揮する子と、そうではない子がいるのではないかと思います。これは、学校に限らず職場でも同じです。「達成期」になると､場面によっては普段あまり目立たない子が強いリーダーシップを発揮したり、別の場面では、また別の子がリーダーシップを発揮したりするというように、それぞれがリーダーシップを発揮する場面があり、実際に発揮することができる。そういう状態が「達成期」です。一人ひとりが絶対的な自信をもち、この学級はすごい、自分たちはとてもよいクラスだという自信に満ちていて、何より、やる気が違います。やろうとしていることに対して本気になって、みんなで取り組んでいくという状態です。

「達成期」についてもう一言加えると、「強固な信頼」という壊れない関係性だと考えていただければと思います。「形成期」は、建前の時期ですから本音は言えません。言ってしまったら､傷つけ合うだけですから、言い合うことを避ける傾向にあります。「達成期」になると、はたから聞いていて「そんなことまで言うんだ。ちょっと口調が強すぎないかな？けんかになっちゃうんじゃないかな」と思うこともありますが、本人たちの間には、大丈夫だという関係性ができているのです。この状態が正に「達成期」です。

27ページの図の下部に矢印があります。「形成期」と「混乱期」の間には左右の矢印、「混乱期」と「標準期」にも左右の矢印があります。どういう意味かというと、チームの段階、状態は、往来するという考え方です。

「形成期」と「混乱期」で考えてみます。「混乱期」になって、各人が主張し始めます。すると、必然的にぶつかり合いが起こりますから、それを嫌がれば「形成期」の状態に戻ります。「形成期」と「混乱期」を繰り返すということは、よく起こることだと思います。

「標準期」まで高まればもう安心かというと、また「混乱期」に戻ってしまうということもあります。こうしたことを左右の矢印で表しています。

続いて「学級づくりと成長段階」の図を使って説明します。下の図をご覧ください。

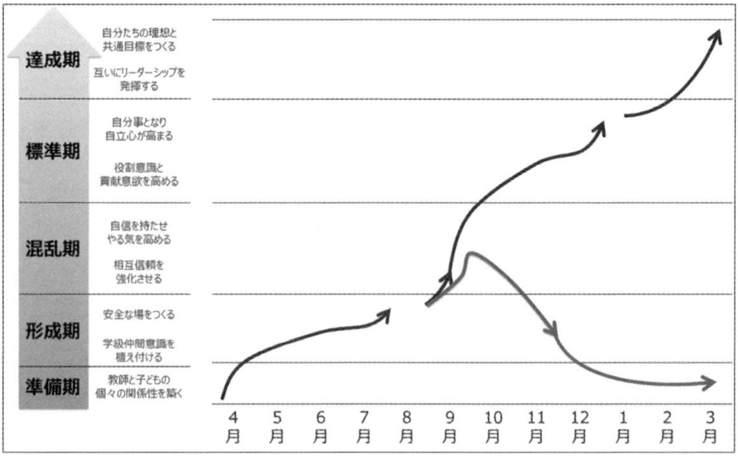

▲学級づくりと成長段階

菊池実践では、成長段階がどのように見られるかを考えていきたいと思います。

図の左下に「準備期」を加えています。元来、同じ目的をもったメンバーが集まってチームは結成されるものです。４月の初めに１つの教室に集まった子どもたちは、多くは同じ目的をもってはいないように思います。ですから、教師は、子どもたちに対して、同じ目的をもった仲間だということを伝え、その気持ちをつくっていかなくてはいけません。まずは、教師が個々の子どもとの関係性をつくるところから始まります。共通の目的となることを教師が明示して、チームとしてのスタートを切るまでの期間を、私は「準備期」と捉えています。

菊池先生は、４月の最初、授業を本格的に始める前の始業式、担任発表の日などを含めて、「準備期」を置いてしっかりと準備をされていると思います。

その時期を固めて、安全な場をつくり、学級の仲間意識を植えつける段階として「形成期」に入って行くと分析しています。

この成長段階を示した図は、菊池先生から教室の実態をいろいろお聞きして、順調に成長しているクラスを想定してまとめたものです。もちろん、チームビールティングで考えるチームは、生きものですから、この通りに進んで行くわけではないですし、この通りに行かなくてはいけないというものでもありません。目の前の子どもたちの状態、学級やチームの状態に合わせて、臨機応変にファシリテートしていくことが何よりも重要なことであることは大前提として、１つのモデルとしては、このような感じで成長の曲線を描いていくのではないかと考えています。

９月、10月辺りに「混乱期」を乗り越えるかどうかの山場があります。運動会です。運動会について、いろいろな先生方にお聞きしたり、実践を読ませていただいたりすると、チームづくりにおけるとても大きな山場になると理解しています。

運動会という場は、当日とそれまでの過程全体で、学級の成長を図っていくことができると思いますし、一体感をもって取り組むことのできる行事だと思います。運動会を通して学級に本当に力がついた場合は、それ以降成長曲線が急上昇していくようです。一方、ただのお祭りで終わってしまった場合は、正に「祭りのあとの静けさ」で、「もうやることがない。楽しいことがない」と、モチベーションが下がってしまい、年度末まで惰性で流れてしまう例があるようです。

このように成長の大きな分岐点となる運動会は、チームづくりの中の大きな山場になると捉えているのです。

最近は、運動会を春に行う地域、学校が増えていますので、その場合のチームづくりはどのように行われていくか、別の形の曲線が描かれることになると思いますが、引き続き研究していく必要があります。

1つ1つの学級を見たときに、クラスを構成する個々人の力、子ども同士の関係性、そして子どもと教師との関係性、これらは全て違います。違うからこそ、「教師は、目の前の子どもたちを見ながら、1年間を見通して、段階を経て成長させていけるような指導計画をつくりましょう」という提案が、「タックマンモデル」をお示しする一番の理由です。

見通しもないままに、いきなり子どもたちに「話し合いをしましょう」と言っても、できるはずがありません。

このことは、私たちが取り組んでいる会社づくり、組織づくりも全く一緒だと思っています。

2 チームの考え方

別の視点から、チームビルディングの説明をいたします。右のページの図をご覧ください。

チームビルディングでは、メンバーが変わるとチームも変わると捉えます。1つの学級は、1つのチームです。学級の中で係活動をすれば、その係として1つのチームができます。ディベートをすれば、ディベートのチームができます。少人数の話し合いをすれば、その集団の数だけチームができます。学校の中に目を移すと、委員会を行えば、委員会のチームができます。児童会活動、クラブ活動でも同じです。

　このように見てみると、学級、学校の中には、おそらくものすごい数のチームがあると思います。

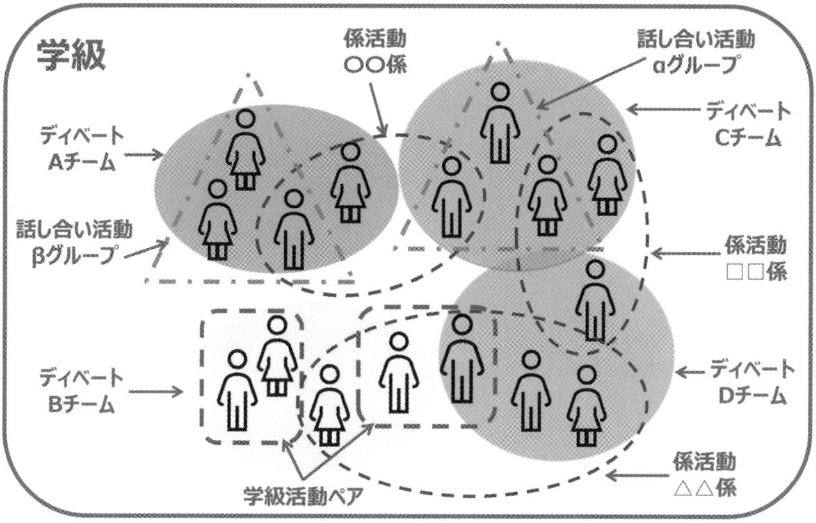

▲学級内における複数のチーム

　実は、そのチーム一つ一つの中でチームビルディングが行われ、成長段階を往来しているのです。

　菊池実践では、ペアトーク、ペア学習、グループ学習、係活動、ディベートなどチームでの活動を多く取り入れていますが、このことが学級集団全体の成長を促していることが分かります。通常、大人数チームよりは少人数チームの方が成長はしやすいため、少人数チームの成長が学級全体の成長段階を先行していくと言えます。

　菊池学級の話し合いでは、違う意見が出たら、「どうしてそう思うのですか？　私はこう思います」と自分の立場をはっきりさせます。それに対して、またすぐに反論が返ってきます。そういう話し合いを体験している子どもたちは、別のチームに行ったときに、自分のイメージする話し合いまで議論を活性化させていきます。

レベルが高いチーム状態を経験した子どもたちが多ければ多いほど、学級全体も高いチームをめざそうとするし、その方向に行きやすいということが言えます。

このあと、菊池学級の授業動画を見ていただきますが、菊池先生の実践ですごいなと思うのは、係活動であったり、少人数の話し合いであったり、ディベートであったり、様々な規模のグループをたくさんつくっているということです。人数をみても、２人、３人、４人、５人と多様です。係活動になるとチームとして長期間活動を続けているチームもあります。いろいろなチームがあれば､いろいろなチーム状態があります。

授業中の子どもたちをよく見てみると、「この子はおとなしくて、あまりしゃべらない子だな。リーダータイプではないな」と思っても、係活動に舞台が移った時には、積極的に周りの友達と話をしていて、大いにリーダーシップを発揮しているということもあります。おとなしいタイプの子だけが集まったチームでも、誰かがリーダーシップを発揮するものです。

このように、いろいろな組み合わせをつくることによって、そこには様々な関係性が出てきますから、チーム、学級を１年間見通してつくっていくということはとても重要なことです。

先ほど、成功体験についてお話ししましたが、一人の人間だけでなくチームにとっても、成長のためには成功体験が必要です。「できた！自分たちはできるんだ」と自信をもつことが成長の全てだと思います。自信をつけると、チームは成長しますし、個人が成長して自信をもつということが、チームの成長の大きなエネルギーとなっていきます。

学級全体が、いきなり「達成期」に行くことはありませんし、チームの形はいろいろあっていいわけですから、教師が多様な仕かけを準備して、グループ活動、係活動、委員会活動など、子どもたちが様々なチームに参加して、いろいろな成長段階に出合うことが、成長のポイントだと思います。この点を押さえておいてください。

いきなり「標準期」に行くことはありませんが、場合によっては、グループの話し合いとか、係活動などで、1学期の初めに「標準期」の状態になるチームもあるかもしれません。それは、チームの中の誰かが、それまでの経験の中で培ったイメージを使って、チームを引っ張ってくれているからだと思います。こういうことも起こりうるということも成長のモデルとして覚えておいてください。

3 よい集団のもつ5要素

もう一つ重要な点をお伝えします。

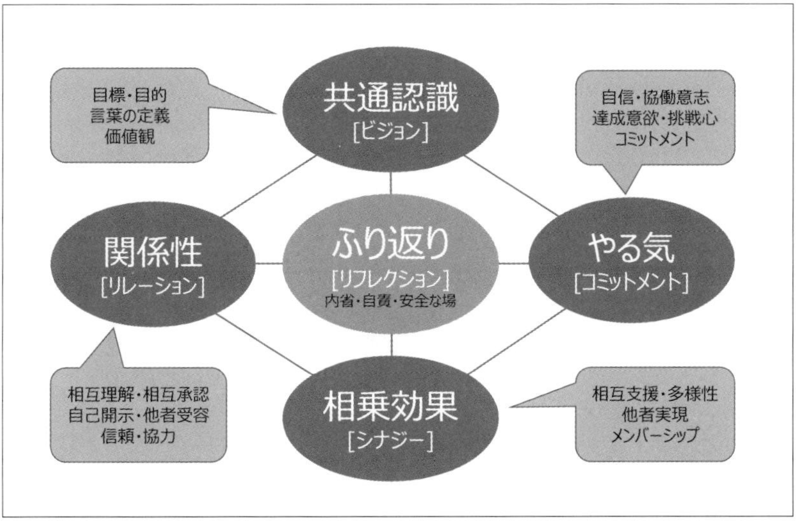

▲よい集団のもつ5要素

前のページの図は、成長しているチームがもっている集団特性を５分類にまとめたものです。

これらの要素が揃っているとチームとして成長していますが、逆に成長していないチームはこれらの要素を高める必要があると言えます。では、その５要素とは何か見ていきましょう。

【共通認識】

チームが共通で認識すべき物事。チームのゴールや目的、めざす目標は当然のこと、一定の価値観や言葉の定義、優先順位や達成時期などもここに含まれる。

【関係性】

信頼関係、相互承認、相互理解など。そのために必要な自己開示や他者受容も含まれる。これらがあると協力の頻度やレベルが上がる。

【やる気】

自信、達成意欲、挑戦心に加えて大事なのが協働意志。「全員でする」という気持ちであり価値語「一人も見捨てない」と同じだと言える。コミットメントは､何が何でも実現しようという強い気迫のこもった意欲。

【相乗効果】

相互支援は互いに助け合うこと、他者実現は自分以外のメンバーの目標を達成すること。メンバーシップとは、お互いが臨機応変にリーダーシップとフォロワーシップを使い分けること。多様性とはらしさの発揮が相乗効果を生んでいる状態。

【ふり返り】

チームでふり返りを行うのは、成長するために必要なこと。意見に対して非難・批判されない安全な場。他責にせずに自己内責任で考える自責。自己内対話をする内省。

これらの５要素は、成長段階ごとにそれぞれの菊池実践で向上する仕組みができています。それについては後半部分で解説します。

学級の中にはいくつものチームが存在しており、さらにどのチームも成長段階を往来していることがほとんどです。

チームの中では、共通言語、同じ言葉を使っていきます。菊池実践では、価値語を豊富に、かつ頻繁に使います。価値語によって、「言葉の定義」「価値観」が強固なものになっていくのだろうと思います。

「関係性［リレーション］」ですが、これは先ほどもお話ししましたように、お互いが発言でも態度でも理解し合い認め合っている状態です。開示できる、言える、聞くことができる、受け止められるということです。

信頼し合い、協力し合える関係性があります。

「やる気［コミットメント］」は、「自分たちはできる。このチームは、よいチームなんだ。自分たちは、みんなで力を合わせてできる」という自信があるということを示しています。

「協働意志」は、大きなポイントだと、私は思います。「みんなで決めよう。みんなでやろう。みんなで達成しよう」という気持ちが、「協働意志」です。

「全員でやろう！」という「協働意志」は、とても重要です。「みんなで進めましょう。みんなでやりましょう。みんなで達成しよう」という姿勢が重要なのです。菊池実践の中でよく言われる「一人も見捨てない」という価値語は、「協働意志」を高めます。「やれる人でやろう」という言葉を使った瞬間に、「一人も見捨てない」という行動は起こりません。学級全体がチームになることはありません。よい集団のもつ要素の中で、「協働意志」は、最も大切なポイントではないかと私は思っています。

「達成意欲」は、「達成したい。もっと挑戦したい」という意識です。現状に満足しないで、さらなる高みをめざして挑戦しようという心、挑戦心が成長のストーリーのスタートです。

「コミットメント」は､絶対に成し遂げようという､諦めない気持ちです。「もう何がなんでもやってやろう」という意気込みです。
「相乗効果［シナジー］」は、お互いが支援し合える関係性がポイントです。
「シナジー」とは、相乗効果のことですが、同じことを考えている人、同じ個性をもった人が集まったとしても､シナジーは起きません｡異なった考え、異なった個性の人たちが集まることで、違う観点からの意見が生まれ、相乗効果が起こります。多様であることが認められた集団でないと相乗効果は生まれません。本来、人は多様なものです。それぞれが異なる個性をもっています。けれども、個性を発揮することが抑圧された組織では、相乗効果は生まれません。
　したがって、「形成期」の段階では、相乗効果が生まれません。本音を出すことも、個性を発揮することも、またそれらを受け入れて生かすこともできない状態だからです｡相乗効果が表れ始めるのは､やはり､「標準期」以降ではないかと思います
　多様性が発揮される教室を積極的につくっていくことが大切です。菊池実践には、「一人ひとり違っていい」という価値語があります。一人ひとりが違いを発揮することで、相乗効果が生まれ、豊かな教室ができていくのです。ここも重要なポイントです。
　この多様性がぶつかるのが「混乱期」です。多様性をお互いが受け入れて､それをうまく生かしていくことができると､相乗効果が生まれ､「他者実現」へとつながっていきます。
「他者実現」も、とても重要なキーワードです。自分がやること、自分がやらなくてはいけないことをやるのは「自己実現」です。ほかの人がやろうと思っていること、ほかの人がめざしていることを実現できるように力を貸してあげることが「他者実現」です。
　のちほど見ていただく菊池学級の授業動画の中でご紹介しますが、いくつもの場面で「他者実現」がすごいなと、私は感動しました。「ほめ言葉のシャワー」の中でも、「質問タイム」の中でも「他者実現」の言

葉があふれています。チームが成長していく中で、「他者実現」の言葉がどんどん増えていく様子を見ていただきたいと思います。

35ページの図の右下に「メンバーシップ」と書きました。組織の中では、リーダーシップとフォロワーシップは必ずセットになります。誰かが「これをやろう」と言った時に、周りのみんながシーンとしていたら何も始まりません。「○○君がこれを提案してくれたから、みんなでやろうよ」と反応するフォロワーシップも重要です。最初に提案をする人－リーダーシップ。それに応えて、協力して盛り上げていく人－、フォロワーシップ。

こうした呼応が、教室では毎日起こります。「昨日は、Aさんがこんなことを言っていて、Bさんはこんなことを言ったなあ。今日は、Cさんが１番に話して、それに応えてDさんが２番めに乗ってきたな」と、毎日様々な場面で違うことが起こっているはずです。一人ひとりがそれぞれでリーダーシップを発揮したりフォロワーシップを発揮したりしています。

４つの要素の中央に「ふり返り［リフレクション］」と書きました。様々なことが日々起きている教室で、一人ひとりが内省する。「自分自身はどうしたらいいんだろう」とふり返りながら考えるのです。「自責」「自己内責任」での捉え方をします。「自分がこうすればこの学級は、もっとよくなる」「あの時の話し合いでは、自分は○○しておけばよかった」「あのディベートでは、自分が●●した方がよかった。次からは、◎◎しよう」とふり返ることで、成長が連続します。
「きちんと聞けなかったな」「ちょっと感情的になっちゃったな。自分をもう少し抑えることができればよかったのに」「発表した時に、緊張して頭が回らなくなってしまったな」「資料が作れなくて、みんなに出すことができなかった」「僕が、隣であの子をフォローしてあげればよかった」「大丈夫だよ、って言ってあげればよかった」とふり返るのです。こうしたふり返りを通して、チームは、お互いに協力し合うことを学びます。思考を助けるのは「安全な場」です。何かを言ったり、何か行動を起こしたりした時に、それを否定したり、茶化したり、馬鹿にしたりしないで、「真剣にやっていい。真剣にやることに価値がある」「本音を言っていい。本音を言わなければ成長しない」「真面目にやった方がいい。真面目に取り組んで、みんなで成長しよう」「みんなで話し合おう」「人のために行動しよう」と、誰かの提案をみんながプラスに捉えてくれる土台がしっかりとあることが必須です。

ここまでで、チームには段階があるということ、そして、一つのチームの中にもチームがいくつもあるということ、そして、チームには成長する要素があるということを説明いたしました。

4 教師の役割

もう一つ、菊池実践で行われている「教師の４つの役割」について説明いたします。次のページの図をご覧ください。

当たり前のことですが、教師が何をめざすかによって、学級は大きく変わってきます。

職場でも、教室でも同じですが、チームをまとめていく際に必要なことを４つに整理して示しています。「ビジョニング」「チームビルディング」「トレーニング」「マネジメント」の４つです。右側の２つは「在り方」に、左側の２つは「やり方」に関わっています。

そして、菊池実践の中で行われていることや考え方のキーワードをそれぞれに当てはめました。

この図は「教師の役割」と考えていますが、職場にもそのまま当てはまります。

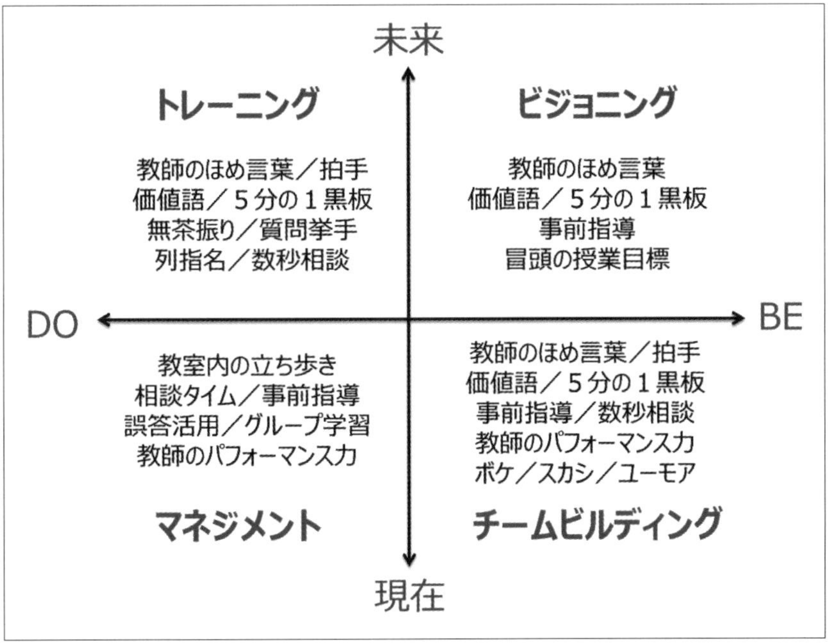

▲教師の４つの役割

「ビジョニング」は、方向性を示してあげることです。先ほど見た「よい集団のもつ５要素」の中の「共通認識［ビジョン］と同じです。「共通認識」を高めていくために行わなくてはいけないことや、それを高めていくための具体的なアプローチのことです。

「チームビルディング」は、関係性をつくったり、チームをまとめたり、チームを成長させていくためのファシリテーションをしたりすることです。

「トレーニング」というのは、子どもたち一人ひとりが成長していくための土台となる様々な力、コミュニケーション力もそうですし、各教科の学力などを育てていくことです。

「マネジメント」は、授業、学校行事などを運営していくことです。

先生方は、この４つの役割を果たされているわけですが、菊池実践では、その役割を実現していくための具体的な様々な方法を開発して、実践されています。

例えば「5分の1黒板」は、図の3か所に書いています。もしかしたら「マネジメント」にも入るのかもしれません。かなり中心的な役割を担っている実践であると思います。このことについては、このあと、堀井悠平先生からお話があると思います。

「ほめ言葉のシャワー」は、菊池先生の代表的な実践の1つですが、「ほめ言葉」として3か所に書いています。「ほめ言葉」は、子どもたちに自信をつけさせたり、学習や行動の基準となることを示したり、学級全体としてのチームをつくったり、価値語としてビジョンを示したりと、非常に大きな役割を果たしていると思います。

ここには書いてありませんが、教室の掲示物も大切であると思っています。冒頭、菊池先生が話された「成長年表」は、この図で言うところの「ビジョニング」の役割に絶大な効果があるのです。職場でも、学級でも同じだと思いますが、1回掲示して示したらそれで大丈夫と思ってしまう方が結構多いように思います。掲示の内容が浸透するまで使い続ける、出し続ける、言い続けるということが重要で、菊池学級では、「ほめ言葉」も「5分の1黒板」も「掲示物」も徹底して繰り返し使われていると感じています。

インストールすることが目的になってしまうコンピューターのアプリではなく、何度も何度も、毎回毎回、繰り返していく。そのことが菊池学級の成長を支えていると私は捉えています。

そして、そのためにこそ全体像をきちんと考えて1年間の実践を積み重ねていきましょう、1年間の見通しをきちんともちましょう、というのが私の一番のお伝えしたいことの中心になります。

見通しをもってめざす学級をつくっていく。そのために、年間の学級目標をつくり、学期ごとの目標をつくった上で、それに基づいて1日1日の学級経営、1時間ごとの授業を進めていきましょう、ということです。

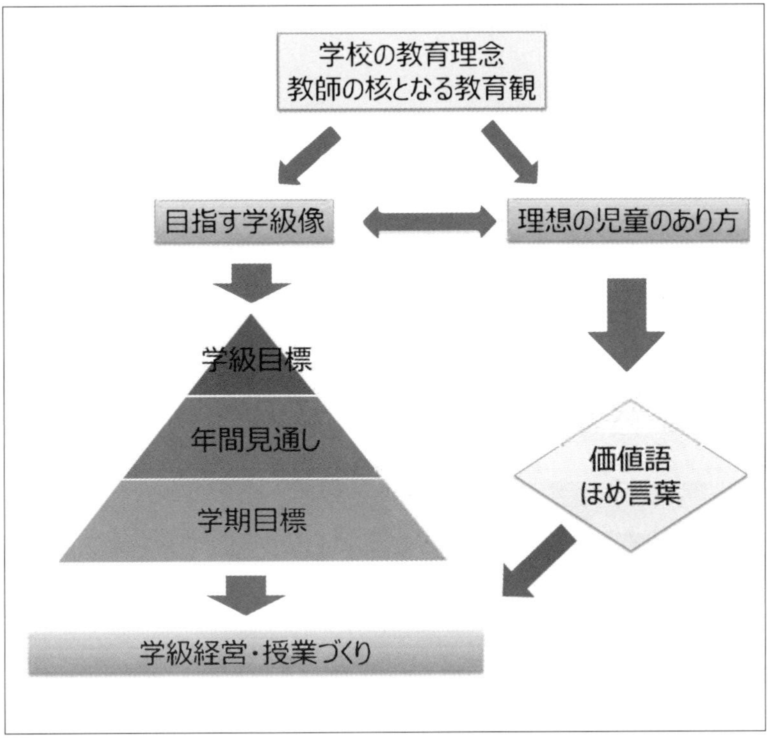

▲学校現場における「目的と方向性、計画の全体像」

子どもたちに対しても、自分の考える理想の児童の在り方、例えばこういう行動をとってほしい、こういう言葉をつかってほしい、こういう態度をとってほしいという教師のイメージや理想がなければ、指導のしようがないはずです。私の想像ですが、子どもたちをうまくほめることができない先生たちは、やってはいけないことや、やってほしくないことのイメージをもっているのではないか思います。

やってほしくないことだけを見ているということは、マイナスを探しているということです。ですから、子どもたちには、注意をすることしかありません。逆に、「こういうことをしてほしいな」「こうあってほしいな」と思っていたらほめたくなります。

理想像、めざす具体的なイメージがないとほめることはできないのです。このことは重要です。
職場でも同じです。
このように教師の役割の中で、「ほめ言葉」「価値語」の果たす役割はとても大きいことを重ねて申し上げたいと思います。
46・47ページの細かな字をびっしりと書き込んだ表をご覧ください。
これまでお伝えしてきましたように、菊池実践では、5つの要素を「タックマンモデル」の各時期に様々な手法を用いて学級をよいチームへと成長させているのではないかと考えています。
この表は、1年間の目安となる学級全体のチーム成長段階と菊池実践の取り組みを「よい集団のもつ5要素」で解説したものです。菊池実践は、「タックマンモデル」の成長段階に沿って学級集団を育てているだけではなく、チームに必要な要素を高める取り組みをしていることも効果を発揮している根拠だと考えられます。
私自身、まだ研究途中でありますので、確実にこうだと断定できない部分もありますが、1年間の中に、様々な仕かけが張り巡らされていて、一つ一つをつなぎ合わせていくことで、大きな成長へとつながっているというのを実感します。
だからといって全てのことをそれぞれの時期にしなくてはいけないということではないと思います。大事なことは、「要素」です。「要素」をしっかりと見据えて、「要素」をいかに盛り込んでいくかということが重要だと思います。いろいろなやり方が、一人ひとりの先生にはあるはずです。大切なことは、やはり「在り方」です。
イメージとしてこういうチームになってほしいなとか、こういう学級に成長してほしいなと願う時の要素は変わらないと思います。要素は変わらないのですから、その要素に向かうための方法をいかに盛り込んでいくかということが重要になってきます。
菊池先生の教室の中では、多くの子どもたちが「達成期」に到達しているのはなぜだろうということを不思議に思い、菊池先生から過去のお話をお聞きしてみると、学級を飛び出す活動を結構多くしていたということを言われました。「学級を飛び出す活動」も、校外に出る活動だけではなく、教室に参観に来た様々な職業の方たちと交流をするということもありました。

そして、成長年表（本書15ページ参照）で自分たちの経験を可視化し記録していたということも大きかったと思います。「みんなで○○を乗り越えたよね。みんなで○○を成功させたよね」ということが具体的に成長年表にはまとめられていますし、毎日の学校生活で視界に入っています。成功体験に導くと同時にそれをクラスの友達と共通認識させるために、成長年表はつくられているわけです。

菊池学級にはこのような仕かけが、用意周到にたくさんあるからこそ、学級のみんなが「達成期」まで行くことができるのです。運動会を頑張って行っても、その後、失速してしまう学級には、成功体験を共通認識するための仕かけがないのでしょう。成功に向けてみんなでやりきる、そして、成功体験の共通認識をみんなでする。このことがおろそかにされてはいないでしょうか？

みんなで活動するから、チームは成長するのです。個々人で勉強しても伸びる力には限りがあると思います。みんなでやるから楽しいし、共に伸びていく。学級の中で友達と伸ばし合うような関係性が大切だと思います。

ディベートの取り組みを考えてみても、9月にした時よりも12月にしたときの方が、レベルが上がったね、反論がきちんとできるようになったね、とみんなで確認し合える。これが成長しているクラスの姿だと思います。子どもたちが「自分たちはみんなで成長しているんだ」と確認できることを用意して、示してあげることが、教師の重要な役割です。そうすることで、確実にチームとしての学級は成長することができます。「5分の1黒板」とか、ディベートの取り組み、対話・話し合いの授業、そして、成長ノートで様々なことを思考し書いていくことでぐんぐんと成長していきます。

	発展段階	準備期	形成期
	ポイント	教師と子どもの 個々の関係性を築く	学級仲間意識を植えつける 安全な場をつくる
	時期の目安	4月	4月～7月
ふり返り [リフレクション]	取組実践	●**『成長ノート』**を書かせ始めて、ふり返る（自己内対話）をする機会を設ける。 ●**『教師のほめ言葉』『価値語の植林』『成長ノートへのコメント』**によって、今までと異なる見方を提供する。 ●**『学級活動で学級運営についての話し合い』**の場を用意する。	●**『教師のほめ言葉』『価値語』『成長ノート』を継続する。** ●掲げた［ビジョン］についてのふり返りを増やしていく。 ●**『成長年表』**を作り始め、自分たちの成長機会をふり返る。
共通認識 [ビジョン]	取組実践	●始業式の日に**『成長の約束』**をする ●**『A/B/SAの道』**を提示する ●**『めざす学級』『めざす児童像』**について教師が期待していること、願っていること、考えていることを伝える ●**『あふれさせたい言葉/なくしたい言葉』**を話し合う ●『自己開示・他者受容・コミットメント・協働意思・多様性の歓迎』等を**教師自身が体現する。**	●**『5分の1黒板』『ミニ授業』**で、4月に共有した［ビジョン］を何度も繰り返し話したり、話し合わせる。 ●［ビジョン］に沿った言動を洞察して、皆の前で**ほめる。** ●**『価値語モデル』**を掲示する。 ●**『学級目標』『学期目標』**を明示する。
関係性 [リレーション]	取組実践	●教師の笑顔、挨拶、声かけ、拍手、受容、リアクションで安全な場をつくる。 ●**『教師のほめ言葉』**を浴びせる。 ●**『ペアトーク』『ペア学習』**等まずは可能な範囲の最少人数での話し合いをさせる。 ●**『アイスブレイクゲーム』『質問タイム』**を楽しめるものから始める。 ●**『ほめ言葉のシャワー』**を質を求めずに始める。	●教師が介入して安全な場を確保しながら、学級の話し合いを増やしていく。 ●**『係活動』『グループ学習』『ディベート』**などの少人数でのチーム活動の時間を増やし、コミュニケーション量を高めていく。 ●児童が学級に対して情報を発信していく機会を増やす。**『係活動新聞』『朝の関所』『朝のメッセージ』『議題箱』『作文発表』『1分間スピーチ』**など。 ●**『ほめ言葉のシャワー』**の質を高める。 ●**『白い黒板』**で全員主張を経験させる。
やる気 [コミットメント]	取組実践	●教師が全員にほめ言葉・声かけ・承認をして『一人も見捨てない』態度を示す。 ●学級全体へは、コミュニケーションを楽しむこと、教師主導の場づくりによってやる気を起こさせる。 ●**『自画像』**をつくり活用し、授業は全員でつくるものという協働意志を示す。 ●児童個人へは**『教師のほめる認める励ます』**によって個人の自信を高める。	●児童主体の授業、児童主体の学級活動を増やしていき、リーダーシップを育てる。 ●**『係活動』『グループ学習』『ディベート』**など少人数チームでの活動を増やし、一人ひとりの役割と責任、影響力を高める。 ●児童個々人の成長を観察して、教師がほめて自信を高める。 ●**『ほめ言葉のシャワー』**で互いの成長に対しての責任と影響を認識させる。
相乗効果 [シナジー]	取組実践	●児童同士の相乗効果は期待せず、教師と児童のコミュニケーションにおける多様性を受け入れる。 （予想外の発言や解答を歓迎したり活用する） ●児童がリーダーシップを発揮したら、活躍の場を与える。	●徐々にリーダーシップを発揮する児童、フォロワーシップを発揮する児童が表れたら、学級の中でスポットライトを当ててほめて認めて励ます。 ●授業の中で、他者と異なる解答を求める指導や指示出しを行い、多様性を引き出す。 ●**『係活動』『グループ学習』『ディベート』**などの少人数チームで先に小さな混乱期を経験させる。

▲1年間の菊池実践をチームの成長段階と5つの要素でふり返る

混乱期	標準期	達成期
相互信頼を強化させる 自信をもたせやる気を高める	役割意識と貢献意欲を高める 自分事となり自立心が高まる	全員リーダーシップを発揮する 自分たちでチームビジョンをつくる
７月～１０月	１０月～１月	１月～３月
●『教師のほめ言葉』『価値語』『成長ノート』を継続する。 ●成長ノートのテーマを、「個人の感想中心」から「概念的な自己内対話」「学級の在り方に対しての意見主張」へと変えていく。 ●『白い黒板』や『学級活動』で「どうしたらよい学級になるか」を話し合う。 ●『成長年表』で自分たちの成長機会をふり返る。	●『教師のほめ言葉』『価値語』『成長ノート』を継続する。 ●『成長ノート』のテーマで「成功体験のふり返り」「やるべきこと（Ｄｏ）の達成」を取り上げる。 ●『白い黒板』を使って「成長したこと」について学級全員でふり返る。 ●『成長年表』で自分たちの成長機会をふり返る。	●『教師のほめ言葉』『価値語』『成長ノート』を継続する。 ●『成長ノート』のテーマで「成功体験のふり返り」を多く取り上げ、自己成長に確信をもたせる。また「さらなる成長」を取り上げて、細部を意識したふり返りを促す。 ●『成長年表』で自分たちの成長機会をふり返る。
●『５分の１黒板』『ミニ授業』『価値語モデル』を継続して実践し、『学級目標』『学期目標』も随時取り上げる。 ●『ディベートのあるべき姿』を教え体験させることで、健全な意見衝突（対話）のやり方と在り方を学ばせる。	●『５分の１黒板』『ミニ授業』『価値語モデル』を継続して実践し、『学級目標』『学期目標』も取り上げる。 ●児童自身による『価値語づくり』を促していく。 ●『半年後に言われたい言葉／言われたくない言葉』を話し合ってつくる。	●学級の価値語語録、憲法、約束、ルールなど児童たち自身でビジョンをつくる。 ●『５分の１黒板』『ミニ授業』『価値語モデル』を継続して実践する。 ●進級後を見越した成長へ焦点を当てていく。
●『係活動』『グループ学習』『ディベート』『立ち歩き対話』などの少人数でのチーム活動を継続して行い主張と受容、対話を増やしていく。 ●『係活動新聞』『朝の関所』『朝のメッセージ』『議題箱』『作文発表』『１分間スピーチ』を継続して行う。 ●『ほめ言葉のシャワー』で独自性を引き出して自己開示と他者承認を強化する。	●『係活動』『グループ学習』『ディベート』『立ち歩き対話』『係活動新聞』『朝の関所』『朝のメッセージ』『議題箱』『作文発表』『１分間スピーチ』を継続して行うが、進行や進捗管理などは児童に任せていく。 ●協力をしないと求める成果がでないような課題を児童に与える。 ●授業の進行を児童に任せていく。	●『係活動』『グループ学習』『ディベート』『立ち歩き対話』『係活動新聞』『朝の関所』『朝のメッセージ』『議題箱』『作文発表』『１分間スピーチ』を継続して行うが、進行や進捗管理などは児童に任せていく。 ●『ほめ言葉のシャワー』『質問タイム』『スピーチ』で自己肯定と他者肯定を高めるヨュニケーションを促す。
●『係活動』『ディベート』『スピーチ大会』などで小さな目標達成、課題解決、チーム成長の成功体験をさせて、教師と学級皆でほめる喜ぶ称賛する。 ●「活動」や「やり方（Ｄｏ）」に対しての個々人のやる気は高まったら、「在り方（Ｂｅ）」を高めていく（特に「自己開示」「他者受容」「自責」「協働意志」）	●『係活動』『学級会』で自主企画を考えて運営させる。 ●『ディベート』『グループ学習』の難度を高めて児童にチームとして挑戦させる。 ●校外活動なども含めた『非日常体験』を与える。	●学級全員の成長にコミットした『係活動』をつくる。 ●進級後を見越した、自己の成長、学級の成長へのコミットメントを促す。
●『係活動』『グループ学習』『ディベート』『立ち歩き対話』などで個性を引き出し多様性をあふれさせる。 ●児童同士の衝突が生じた際に喧嘩両成敗で抑え込まない。 ●学級の［ビジョン］達成に対してのリーダーシップを発揮する児童が摩擦を生み出したときに『ミニ学級会』で対話をして解決する。	●『成長ノート』で学級内の仲間のことを多く取り上げて、違いを受け入れ、活かし、成長し合うことを考えさせる。 ●本音の対話を引き出し、意見・考えの違いから新しい発想を生み出す支援をする。	●児童が自身の課題に向き合うような、話し合いのテーマを与えて、児童同士が力を合わせて乗り越えられるよう支援する。

◆この表は、中村堂のホームページからダウンロードすることができます。

https://bit.ly/3Jz4kmq

この表に示している内容については、私自身もっともっと研究したいと思っています。同時に、私は、菊池先生の実践をただ研究しているだけではなくて、いろいろな企業の研修の場などで、チームをよりよくしていくために使うことができるものはどんどん導入していくように提案をしています。自分の会社でも同じです。

菊池実践では、「子どもも大人も一緒でしょ」とよく言われますが、大いに共感しています。私が菊池実践に「のめり込んでいる」のは、「子どもも大人も一緒」だからです。職場だけでなく、家庭でも一緒かもしれません。子育ても一緒かもしれません。やはり、「子どもも大人も一緒」だと確信します。

チームは、結局人間関係ですから、2人以上が集まってチームができたときに、そのチームがどうしたら成長するのか、よくなっていくのか、お互いが成長し合えるのかの原理は同じなのだと思います。菊池実践には、その要素がふんだんに入っていますから、大きな企業でも少ない人数の職場でも、そして家庭でも使えます。あとは、使う人が、自身の環境、チームの状態をよく見て、菊池先生はどうしているかな、○○先生はどうしているかなと研究して、自分やチームの状態に当てはめて、よい方法を見つけていってほしいと思います。

これまで説明してきた「要素」としてあるものはどんなチームも一緒です。それを自分の周りに応用するにはどうすればいいかなという視点での学び方を私はしています。今日一緒に学ばれている方々も、要素は共通しているということを押さえた上で、自分の学級のことをよく見ながら何をすればよいかを考えていただけたらと思います。

第 3 章

ビジョンを示し共有する「5分の1黒板」をキーステーションに

菊池道場徳島支部支部長
堀井　悠平

第3章

ビジョンを示し共有する「5分の1黒板」をキーステーションに

菊池道場徳島支部支部長　堀井　悠平

1 はじめに

私は菊池道場徳島支部の支部長をしています、堀井悠平と申します。よろしくお願いいたします。

牧野先生のお話を聞かせていただきながら、新年度がスタートして1か月が経った今、自分自身の学級が、ちょうど「形成期」、あるいは「準備期」といったあたりにいるなあと思い、一つ一つの内容が自分自身に強くヒットしました。年度が始まった初期段階の菊池実践では、先ほど牧野先生が説明されたビジョニングが徹底的に行われていると感じていて、自分自身も実践している中でその部分の重要性を強く感じています。今日はその点について、これまで徳島支部として取り組んできている「5分の1黒板」をキーステーションにしてお話をさせていただこうと思います。

私は、高校時代、野球をしていました。幸い、夏の甲子園大会にも出場することができました。そのこともあって、好きな野球選手がいます。すでに現役を引退されていますが、それはイチロー選手です。あるとき、スポーツ雑誌「Number」で、「一流野球選手の伝える力」という特集をしていることを知り、早速購入しました。

ご存知の方も多いと思いますが、イチロー選手は、最近高校野球の指導に行かれています。その雑誌の中で、イチローさんが高校野球の指導をするときに大事にされていることとして「愛と厳しさの高校野球指導」ということが書かれていました。昨今は、パワハラ問題があり、いろい

▲貴船小学校での話し合いの一コマ

ろと制約のある時代だと思いますが、「厳しさ」ということにふれられていました。イチローさんは、「大人になれば本当に厳しい局面に出合うことが多い。その時にその状況に耐えられる人間であるか、耐性があるかということは、その後の人生を大きく変えるのではないか」という趣旨のことを述べられていました。さらに「指導者が、厳しさだけではなく、子どもたちの未来を見据えた愛のある厳しさをもつことが大切ではないか」ということも述べられていました。

私自身、高校の野球部時代に同様の指導を受けて成長してきたという実感がありますので、イチローさんの考え方に共感しました。

菊池先生の授業動画を見ていると、「愛のある厳しさ」というものを感じます。「愛のある厳しさ」によって、教室の中に凛とした空気感ができているのかなと思いました。今日、授業動画を見る中で、そのあたりについて、参加者の皆さんと学ぶことができるのではないかと期待しています。

私は、大学を卒業して教員になって、今年でちょうど10年めになりました。10年前に、NHKの番組「プロフェッショナル　仕事の流儀」で菊池先生の回を、教員採用試験に受かった時に見ました。その時に「教員になったら菊池先生のような授業、実践をしよう」と決めてから10年になります。10年間ずっと菊池実践をしてきました。51ページの写真は、菊池先生が貴船小学校に勤務されていた時の教室での話し合いの様子ですが、こうした生き生きとした子どもたちの姿への憧れや、言葉の力で人間を育てていくという点に私は共感して、実践を続けています。

3⑤3 5 6 6④⑤⑥5

この数字は、10年間で私が担任した学年です。丸囲みをしたところは、自分にとってターニングポイントとなった年であり、大きな学びが得ら

▲菊池先生との記念撮影

れた年だと今ふり返って思うところです。

左の写真は、教員2年めの11月に撮ったものです。その時、菊池先生が徳島に別の用事で来られていた際に、「明後日休みなんだけど、堀井先生の学校に行っていい？」との連絡があり、急遽来校が決まりました。これは、私の教室で飛込授業をしていただいたあとに撮影したものです。2年めのこの時も、菊池実践には取り組んでいましたが、自分自身としては子どもたちとの間に距離を感じるようなことがあった時期でした。やればやるほど子どもたちとの距離が遠くなっていく感覚がありました。菊池先生が来られる前の日にも、ある女の子がいじめられているんじゃないかという話があって、早速、菊池先生にそのことを相談をした記憶があります。

今になって思えば、「タックマンモデル」に示された成長段階を見ることもなく、自分が学んだことを「あれをやりたい。これもやりたい。こういったことを学んだから、早速やってみたい」と、一方的に子どもたちに押し付けていたのではないかと思います。先ほどのイチローさんの言葉で言えば、子どもたちは、教師である私から愛が感じられなかったのではないでしょうか。厳しさだけが伝わっていたように思います。そんなこともあって、菊池先生が教室に来てくださったことは、自分自身が教師の在り方を考える上でのターニングポイントになったところです。

その後しばらくして、周りの先生方やT.T.に入ってくださった先生方から、「温かい学級だね。優しい学級だね」と言われるようになっていきました。一方で自分自身は嬉しい反面、菊池学級のような凛とした空気感には近づいていないなという点で迷いもありました。

そんな悩みを抱えつつ、7年めになった2年前に、「『5分の1黒板』からの授業革命　新時代の白熱する教室のつくり方」を書籍としてまとめるお話をいただき、執筆に携わらせていただきました。

この書籍の執筆をしていく中で、教室の空気感のことであったり、子ども同士の関係性について、考えることが多くなり、菊池先生にも機会あるごとに質問をするようになりました。自分自身、そうした視点で自分の教室を見るようになりました。

空気感と関係性はとても密接につながっていることが分かってきました。また、今までの自分自身の「5分の1黒板」の使い方は、どちらかというと価値語を教え、価値語を植林するため(もちろん、そういう要素もありますが)という側面が強く出てしまっていたように思います。その授業をどう動かそうかとか、空気をどうつくっていこうかという意識が弱かったなということを反省しました。

菊池先生の授業を見て、子どもたちとのライブ感を楽しむということに大きな影響を受けました。

また、私は「2022年度菊池道場次世代育成連続講座」に参加させていただきました。その中で一番印象に残っているのは、最後の回で見せていただいた授業動画です(このあと、その動画を分析させていただきます)。その授業が行われたのは5月の大型連休が終わったあとの5月14日の菊池学級です。国語科でのディベート的な話し合いです。その授業動画を見た時に、自分自身がしてきたこれまでの学びや、菊池先生が示されている対話のステップについての捉え方が、全く違っていたことに気づき、大きな衝撃を受けました。子どもたちは、本気でぶつかり合い、菊池先生もスパスパと切りながら、子どもたちに厳しさも見せながらの指導をされています。

菊池先生が新学期が始まった時には、「一人も見捨てない」という覚悟をもつんだということをおっしゃっていましたが、その覚悟の大きさというか、子どもたちの成長を信じるピグマリオン効果という点でも、教師の思いの大きさを強く感じました、1年間の見通しの中で、この段階での少々の厳しさは、これから先の中できちんとフォローできるだろうということであったり、1年間の中でこの子たちは大きく成長するだろうという、人間の強さを信じている部分に感動し、自分自身をの在り方を強く反省しました。

そのようなことを踏まえて、今年度10年めに入りましたので、今年の4月の1か月間、自分自身がどのように子どもたちと向き合ってきたかということを、今日はお伝えできたらと思っています。

2 「5分の1黒板」をキーステーションに

形成期の学級づくりのポイントを3点にまとめました。

形成期の学級づくりのポイント

①教師と子どもの関係を築く
②子どもたちとビジョンを共有する
③安全な場をつくる

「5分の1黒板」がキーステーションになる！

以上の3つは、先ほどもお話ししましたが、「5分の1黒板」がキーステーションになっていると思います。

この3つは、どれかが単独ということではなく、どれも複合的に絡んでいますので、その視点で見ていただきたいと思います。

先ほど牧野先生からご紹介いただいた「1年間の菊池実践をチームの成長段階と5つの要素でふり返る(本書46・47ページ参照)」をもう一度ご覧ください。教室で実際に授業をされているわけではない牧野先生がこのような分析をされていること自体にすごさを感じています。「形成期」の段階を、自分の実践と比べてみると重なる部分がほとんどででした。その意味でも、今日の提案は、この図をお借りして参考にしながら進めていこうと思います。

今日お話しさせていただきたいのは、自分が実践しながら思っていた「ビジョニング」の点です。端的に言いますと、菊池実践、菊池先生の「形成期」は、「ビジョニング」を徹底的にやっているのではないかと思います。それによって、その後の加速がすごい速度で進むのではないかと思います。牧野先生のお話の中に、共通認識をしっかりもっておくこ

形成期はビジョンを共有する

- チームの目的やゴールが浸透していない
- 抽象度が高いビジョンは、具体とつながないとイメージできない
- 教師が学級目標をお飾りではなく、本気でめざすものとして子どもたちに伝えていく

とがよいスタートになる、という趣旨のお話がありました。私も、菊池先生はこの部分を本当に徹底的にされているなと感じています。

「形成期」には、まだチームの目的とかゴールが浸透していません。先生方も、4月が終わった段階で感じられているのではないかと思います。初日に学級開きをして、いろいろな活動をしながら、教師の思いであったり、こういう教室をつくっていこう、というようなことを言ったりしたと思います。しかし、その言葉が子どもたちに本当に入っているのだろうか、教師と子どもの思っていること、感じていることがちょっと違うのではないかというズレみたいなものを感じる時があるのではないかと思います。

私たちの言葉が抽象的になっていないでしょうか？　抽象度が高いと、具体とつないで話をしないと、子どもたちにはイメージできないと思います。菊池実践には、この具体とつなげていく実践がたくさんあり

ますから、それらを４月の間に徹底的に行っていくことで、学びの土台をつくっているのではないかと自分自身感じています。

今回、初めて菊池実践にふれる方々もいらっしゃると思いますので、「５分の１黒板」について簡単に説明させていただきます。

黒板の左端の５分の１のスペースに、価値語を書きます。子どもたちのよりよい行動や考え方、あるいは教室に安心を感じられる空気など、関係性をつくり出すものだと捉えています。「形成期」の「５分の１黒板」で言いますと、１時間、１時間ごとに、びっしりと「５分の１黒板」に価値語が書き込まれていきます。活用する場面は、本当に多くあります。「５分の１黒板」は、基本的にはほめるために使います。子どもたちの成長のために使うということが大原則です。その意味でも、４月の段階には、たくさん伝えたいことがあると思います。

のちほど牧野先生にはお伺いしようと思っていますが、ほめるという

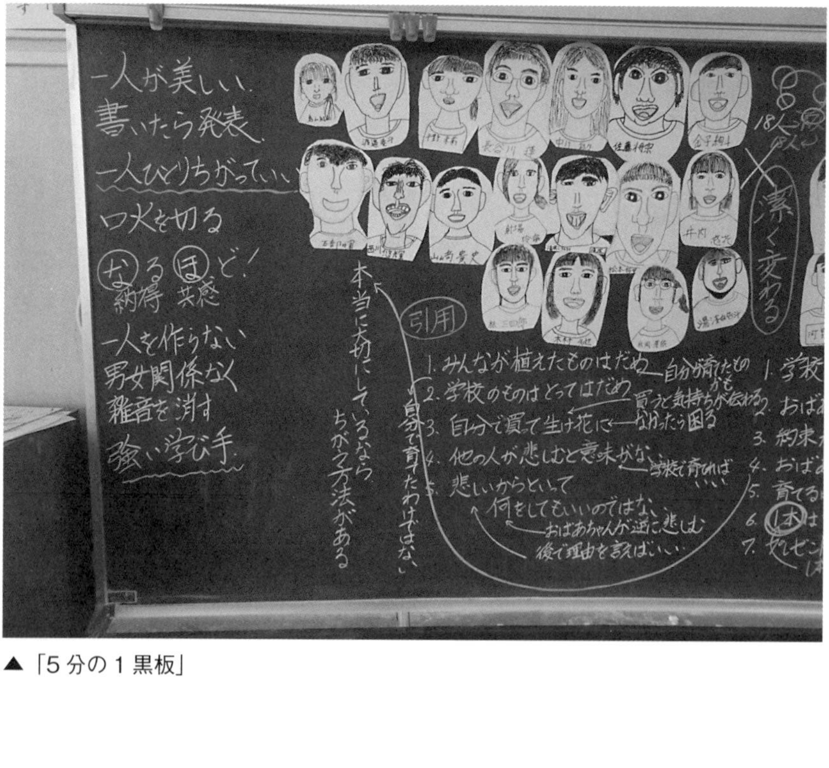

▲「５分の１黒板」

ことがビジョニングなのかな、と思っています。「着手スピード」「一人一人違っていい」という価値語にしても、全てがビジョニングで、こういった姿を実際の子どもたちの姿から価値付けをしていきますから、子どもたちは、「こういう姿が『一人が美しい』っていうことなんだ」と具体的に理解して、言葉が植林されていくと思います。

子どもたちの思考の中は、おそらく具体と抽象が行き来しながら、「あ、先生が言っていたのはこういうことかな」とリンクしているのではないかと思います。

先ほど牧野先生が紹介してくださった43ページの図で言うと、「価値語」「ほめ言葉」と書いてあるひし形の部分に「5分の1黒板」がまさに当てはまるかなと思っています。
「5分の1黒板」の実践を続けることによって、1年後のゴールイメージへとどんどん向かっていき、子どもたちのイメージもはっきりしてきます。そして、学級も軌道に乗っていくのではないかと考えています。

次のページの表は、「『5分の1黒板』からの授業革命　新時代の白熱する教室のつくり方」にも掲載したものですが、価値語の4つのカテゴリーです。「A　学び合うための学習規律」「B　安心感を生み出す」「C　対話の態度目標・技術」「D　学級経営上の個や集団の価値付け」です。これらは、独立したものではなく、相互に関連し合っています。ほかにも様々なカテゴリーに分けられると思いますが、こういった要素を含んだ価値語をペア・グループ学習や自由な立ち歩きの場面など、白熱する話し合いの中で使うことによって、効果的に子どもたちの中に浸透させられるのではないかと思います。

少し自分自身の実践を紹介させていただきます。毎年4月に行っている授業です。菊池先生も4月頃にされていたと記憶しています。道徳の「1本のチューリップ」という教材を用いた授業です。菊池先生は、この授業をする中で、話し合いの基本形を子どもたちに示し、意見を出し合うことの楽しさや、それぞれが違う意見を言い合うことの楽しさに

【価値語4つのカテゴリー】

A 学び合うための学習規律　B 安心感を生み出す　C 対話の態度目標・技術　D 学級経営上の個や集団の価値付け

	自分の考えをもつ	ペア・グループ学習	自由な立ち歩きによる話し合い	白熱した話し合い
学習活動のねらい	 【ねらい】 ■全員参加をつくる ■学び合う関係性をつくる	 【ねらい】 ■学ぶ意欲を高める空気をつくる ■学び合う関係性をつくる	 【ねらい】 ■対話の質を高める ■互いを尊重し合う関係性を築く	 【ねらい】 ■考え続ける人間を育てる ■個が確立した学級集団をつくる
「5分の1黒板」に書く主な価値語	【在り方・考え方を示す価値語】 ・一人ひとり違っていい ・自分らしさの発揮 ・教室は学び合うところ ・書くことは考えること ・あてずっぽう＝考える力	【在り方・考え方を示す価値語】 ・学び合い＝寄り添い合い ・ちがいを楽しむ ・対話力＝話すこと×聞くこと ・コミュニケーションの公式 ・学び合うのがチームだ	【在り方・考え方を示す価値語】 ・一人をつくらない ・男女関係なく ・自分からつながる ・新たな気づき・発見を楽しむ ・ちがいを認め合う	【在り方・考え方を示す価値語】 ・正＋反＝合(Win-Win-Win) ・番を考える ・納得したら潔く変わる ・人と意見を区別する ・反論で意見を成長させよう
	【技術的な価値語】 ・質より量を出す ・箇条書きする ・息をするように書く ・書いたら発表をセットにする ・「3つあります」で書く	【技術的な価値語】 ・正対する ・聞くことと質問・感想はセット ・目線、うなずき、あいづち ・リアクションを入れる ・身ぶり手ぶりを入れる	【技術的な価値語】 ・しゃべる→質問する→説明する ・3＋3＝6⤴の話し合い ・連続質問 ・引用＋質問・反論 ・相手軸に立って話し合おう	【技術的な価値語】 ・ターンアラウンド ・話し合いは準備が8割 ・三角ロジック ・意見を「見える化」する ・反駁の四拍子

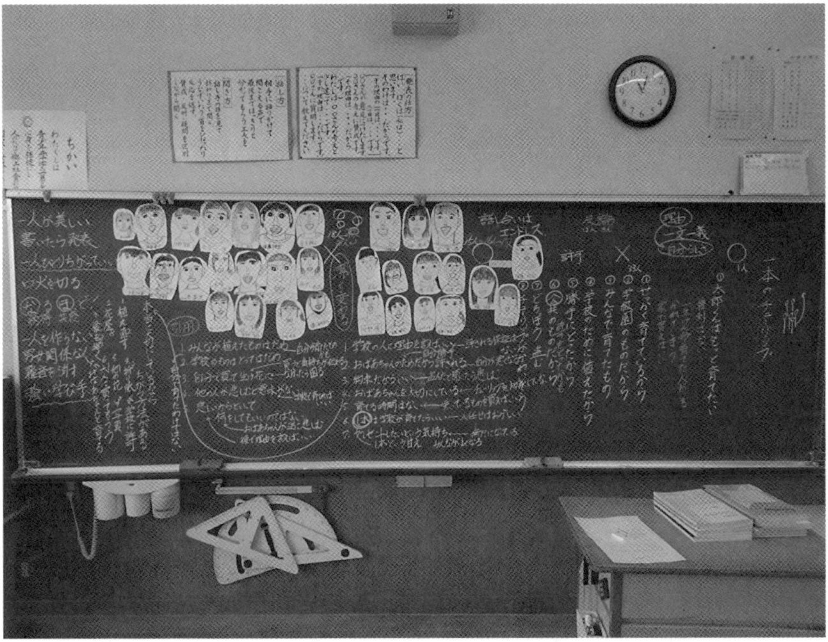

▲「1本のチューリップ」の授業後の黒板（70・71ページに拡大写真があります）

気づかせることを「裏のねらい」として行っているとお聞きしました。授業の詳細な記録は、70ページ以降に掲載してます。

4月の段階ですので、私たち菊池道場がめざす白熱した話し合いの最初のステップとして、「1本のチューリップ」という教材を使って、教室の子どもたちと話し合いの基本形を押さえることを目的として授業を行いました。

上の黒板の写真を見てください。見えづらいかもしれませんが、左端の5分の1だけではなく、黒板の上の方や隙間などにも価値語を書いています。

例えば、一番右の上に「理由」「一文一義」「自分らしさ」と3つの言葉を書いています。

先ほどの「価値語の4つのカテゴリー」でいくと、これは、学び合うための学習規律、あるいは学び方を示す内容にあたると思います。
立場を決めたあとに、「自分の考えを書くときは『一文一義』で端的に書くんだよ」ということを示しながらこの言葉を書きました。
その下に「自分らしさ」とあって、二重の線で囲んでいます。
発言の中では、主人公の太郎がチューリップを取った行為についてふれている子が多かったのですが、ある女の子が「チューリップがかわいそうだから、取ってはいけない」という発言をしました。周りの空気としては、「何を言っているんだろう？　えっ？」という表情が見られましたが、私は、「そこを、そういうふうに捉える○○さんの理由がいいよね。自分らしさが出ていていいよね」と価値付けをして、黒板に書き足しました。
そうした意見を認めていく中で、子どもたちも「そういったことも言っていいんだ」と思えるような安心感を生み出しながら、話し合いを進めていきました。
黒板の端を見ていただくと「なるほど」という言葉がご覧いただけると思います。これは、昨年度からの引き継ぎで「少し気になるお子さん」と言われていた児童ですが、その子が、友達の発言を聞いた時に「なるほど」という呟きをしました。菊池先生もよくされることですが、私はその子に近づいて無言で握手をして、「今、どうして○○くんと握手をしたか分かりますか？」と教室の子たちに聞きました。子どもたちはあまり気づいていなかったので、伏字を使って「○る○ど」と書いてヒントを出しました。
「『なるほど』と言えることは、友達の意見に納得したり、共感したりすることだね。こういう聞き方をできる○○くんは、とても素晴らしいね」とほめました。この児童は、昨年度は、カッとなって怒ったり、暴れ出したりすることがあったそうですが、この1か月はそういうこともなく、今日に至っています。さらに、この言葉を取り上げたあとの彼は、授業にも一生懸命取り組んでいます。
この授業は1コマ45分では終わらず、結局2コマを使って行いました。休み時間を挟んだ時、みんなは運動場に遊びに出て行きましたが、「なるほど」と言った彼は、教室に一人残って反論の準備をしていました。一生懸命になって学ぼうとしている姿を、また次の時間の最初に、「○○くんのこういう姿を、『強い学び手』って言うんだよ」と、クラスのみんなに紹介しました。

「価値語の4つのカテゴリー」では、これは「D　学級経営上の個や集団の価値付け」だと思います。新年度のスタートのこの時期は、今紹介したような気になる子どもたちのよさを引き出しながら、また「2：6：2」の上の「2」の子を引き上げながらクラスづくりを進めていくことがポイントかなと自分自身、感じているところです。

「5分の1黒板」を活用した授業をした時のふり返りですが、「5分の1黒板」に書いた価値語をセットにして書く児童が多くいます。下の写真は、ある女の子の感想です。

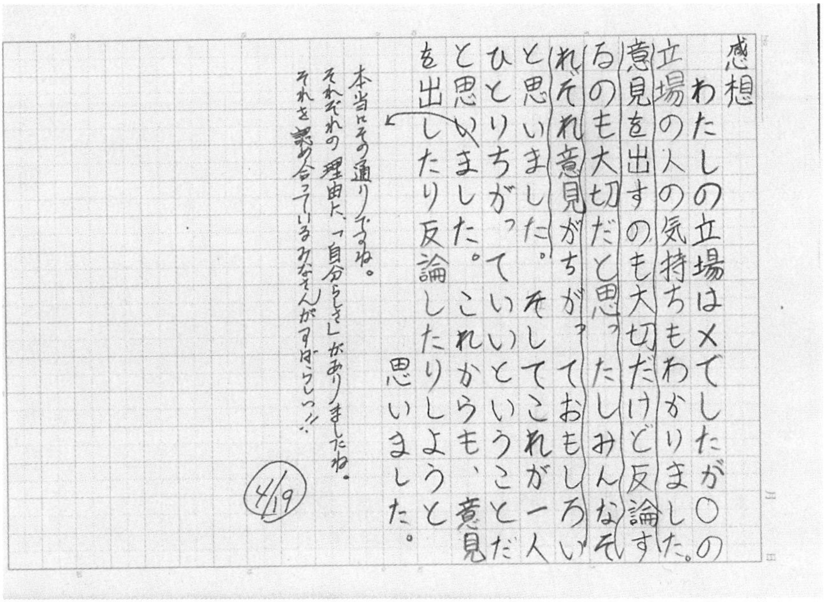

▲ある児童の「成長ノート」

後半部分に「これが一人ひとりちがっていいということだと思いました。これからも意見を出したり反論したりしようと思いました」とあります。子どもたちに価値語を示した段階では、正直、その時にはすぐには理解できないこともあると思います。しかし、実際の体験を通しながら、自分自身の価値語として浸透していくと確信しています。

菊池学級の子どもたちは、日々「ビジョニング」とそれを具体的な事実として実感し、成長ノートでふり返りをします。これらがセットになってインプットとアウトプットを繰り返し、その中で子どもたち自身の言葉になっていくと捉えています。

菊池先生は、新年度がスタートしてからの数日間、伝えたい価値語や大切にしたいことなどを「朝の黒板メッセージ」として書かれていました。私自身もこの数年ずっと取り組んでいます。朝の会で、子どもたちとふり返りをしながら視写しています。1週間続けると、100個以上の

▲朝の黒板メッセージ

価値語がノートに書かれることになります。

1回だけでは、子どもたちに実体験を伴った意味は伝わらないと思いますが、ノートに書き、残しておくことで、成長ノートを書くときに、そのページを見返しています。見返しながら、どういったことを学んだかな、どういったことを大切にしてきたかなということを子どもたちは確認しながら、自分に合う言葉を選び、成長ノートに書いていると思います。

3 「ビジョン」を示す具体的実践

教師に「ビジョン」がなければ、子どもたちがふり返りをした時に、多分「何々が楽しかった」というレベルの言葉しか出てこないのではないかと思います。価値語があるから、「自分をプラスにするふり返り」ができるのだと思います。

価値語モデルも「ビジョニング」の大きな役割を果たしていると思います。次のページの下の写真をご覧ください。

価値語は、抽象度が高い言葉もたくさんあると思いますが、それが写真とセットになることで、「あ、こういったことが大切なことなんだ」と、子どもたちにすうっと浸透していくことが分かります。こうしたことを徹底して繰り返すことで、子どもたちと共通認識を高めていき、成長を促していくことができます。この点が、菊池先生の実践の素晴らしいところだと実感しています。

67ページの写真も、菊池実践の中の一つの「ほめ言葉34連発レター」です。新年度が始まって1週間ぐらいのタイミングで、一人ひとりのよさを1枚の紙にまとめて配っています。子どもたちの反応は大きいです。先生が見てくれているということが、一番安心感につながるのだと、子どもたちの反応を見ていて思います。

「ほめ言葉34連発レター」も、成長ノートと同様に一人ひとりとつながるチャンスです。子どもたちは、「自分を見てくれている。自分のよさを発見してくれる」ということに気づき、それが教室の中の大きな安心感につながるのだと思います。いい意味で教師の影響力を高めるという点でも、一人ひとりの子どもたちのよさを全体に紹介していくことは大切だと思います。

そして、これも「ビジョニング」の１つだと思います。「先生は、皆のことをこういう目で見ているんだよ。友達にもこういうよさがあるんだよ。お互いのこういうよさを認めていこうね」と示すことで、子どもたちの見る目も広がっていくのかなと思います。

「成長ノート」も同じ役割があります。一人ひとりに、ほめ言葉のコメントを贈ることができます。「今日は、こういうよさがあったよ。発言できなかったけど、頑張っていたね」ということを伝えることができるのは、「成長ノート」のよさであり、私にとっては、これがなかったら「形

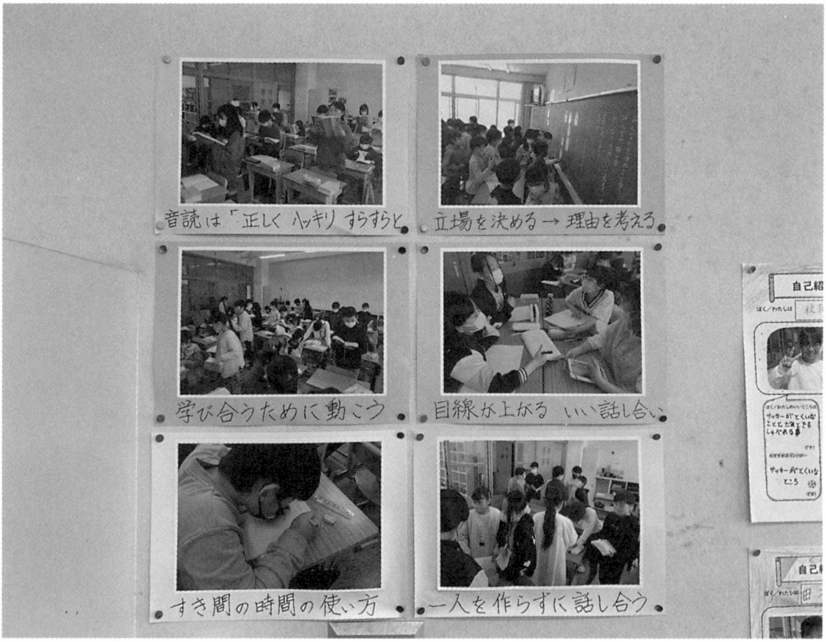

▲価値語モデル

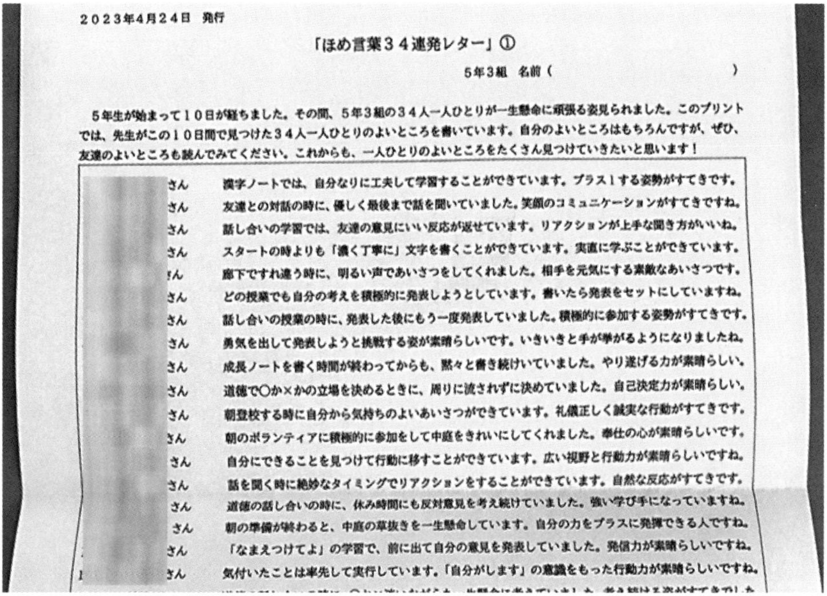

２０２３年４月２４日　発行

「ほめ言葉３４連発レター」①

５年３組　名前（　　　　　　　　　　　）

５年生が始まって１０日が経ちました。その間、５年３組の３４人一人ひとりが一生懸命に頑張る姿見られました。このプリントでは、先生がこの１０日間で見つけた３４人一人ひとりのよいところを書いています。自分のよいところはもちろんですが、ぜひ、友達のよいところも読んでみてください。これからも、一人ひとりのよいところをたくさん見つけていきたいと思います！

さん	漢字ノートでは、自分なりに工夫して学習することができています。プラス１する姿勢がすてきです。
さん	友達との対話の時に、優しく最後まで話を聞いていました。笑顔のコミュニケーションがすてきですね。
さん	話し合いの学習では、友達の意見にいい反応が返せています。リアクションが上手な聞き方がいいね。
さん	スタートの時よりも「濃く丁寧に」文字を書くことができています。実直に学ぶことができています。
さん	廊下ですれ違う時に、明るい声であいさつをしてくれました。相手を元気にする素敵なあいさつです。
さん	どの授業でも自分の考えを積極的に発表しようとしています。書いたら発表をセットにしていますね。
さん	話し合いの授業の時に、発表した後にもう一度発表していました。積極的に参加する姿勢がすてきです。
さん	勇気を出して発表しようと挑戦する姿が素晴らしいです。いきいきと手が挙がるようになりましたね。
さん	成長ノートを書く時間が終わってからも、黙々と書き続けていました。やり遂げる力が素晴らしい。
さん	道徳で○か×かの立場を決めるときに、周りに流されずに決めていました。自己決定力が素晴らしい。
さん	朝登校する時に自分から気持ちのよいあいさつができています。礼儀正しく誠実な行動がすてきです。
さん	朝のボランティアに積極的に参加をして中庭をきれいにしてくれました。奉仕の心が素晴らしいです。
さん	自分にできることを見つけて行動に移すことができています。広い視野と行動力が素晴らしいですね。
さん	話を聞く時に絶妙なタイミングでリアクションをすることができています。自然な反応がすてきです。
さん	道徳の話し合いの時に、休み時間にも反対意見を考え続けていました。強い学び手になっていますね。
さん	朝の準備が終わると、中庭の草抜きを一生懸命しています。自分の力をプラスに発揮できる人ですね。
さん	「なまえつけてよ」の学習で、前に出て自分の意見を発表していました。発信力が素晴らしいですね。
さん	気付いたことは率先して実行しています。「自分がします」の意識をもった行動力が素晴らしいですね。

▲ほめ言葉34連発レター

成期」に右往左往してしまうのではないかと思うくらい大切にしているものです。

次ページのある児童の「成長ノート」をご覧ください。真ん中あたりに子どもたちの１か月間のふり返りが書いてあります。「他の人の考えと自分の考えはそれぞれちがっていて、それが話し合いのおもしろさであり､楽しさだと感じました」と書いています。実際に体験をしながら、子どもたちも私が示した「ビジョン」を感じ取ってくれていることが分かります。

教師からのコメントも大切ですが、菊池先生もされていたように、事前に子どもの了解を得て、クラス全体で共有することも重要です。例えば､「成長ノート」を子どもたちの前で読みあげたり、コピーをとって全員に配ったりすることで、教師からの一方的な「ビジョニング」だけではなくて、子どもたち同士が「あ、友達はこういうところに気づいているんだ」「こういうことを考えているんだ」というように、「横同士の

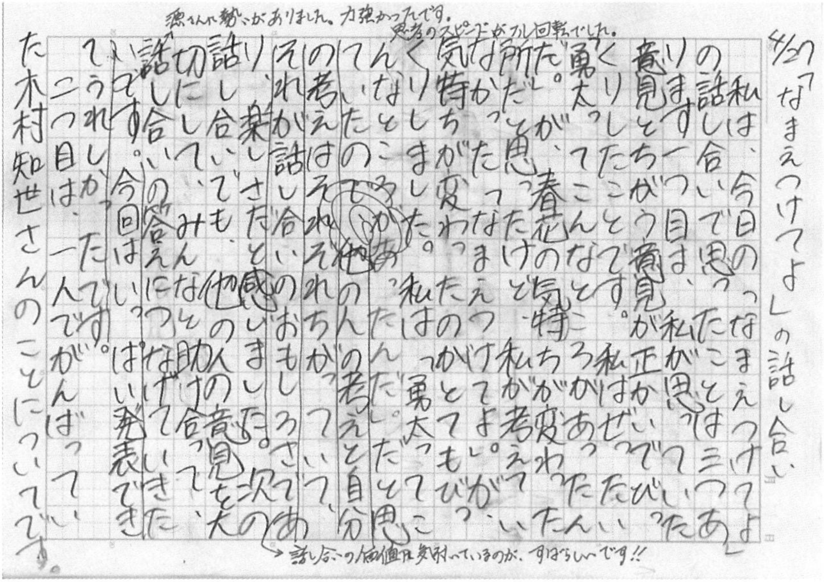

▲成長ノート

ビジョニング」になります。このように、お互いに影響し合いながら成長していくのが菊池実践だと思っています。

4 「ビジョン」を貫く菊池実践

まとめます。菊池実践は、本当に「ビジョン」「ビジョニング」を貫いていると思います。

菊池実践はビジョンを貫いている

菊池実践は、ビジョンを分かりやすく示している
「形成期」には、ビジョンを子どもたちの具体とつなぐことが重要
学級目標は、子どもたちにビジョンが浸透してきてから決める
子どもたちの成長を信じる覚悟が大切

菊池実践は、ビジョンを分かりやすく示しています。

どのように成長していけばいいのか、道標《みちしるべ》を明確に示していると思います。「ビジョン」を子どもたちに示したあと、それを具体へとつなぐことが重要だと、この1か月強く思いました。

菊池先生は、「学級目標は子どもたちに『ビジョン』が浸透してきてから決める」と言われていました。そうした学級目標についての考え方、捉え方についても、牧野先生に聞いてみたいと思っています。

この1か月間で強く感じたことは、子どもたちの成長を信じる覚悟や、人は成長する存在であるということを強く信じるという教師の在り方が何よりも重要だということを最後にお伝えいたします。

このあと、菊池先生の授業動画をみなさんと見ながら、菊池先生や牧野先生にいろいろ質問させていただこうと思っています。

私の基調提案を終わります。

実践報告
道徳「１本のチューリップ」

堀井　悠平

「５分の１黒板」活用のポイント

①多様な意見を尊重し合う空気をつくる

　安心感のある教室をつくっていくことは、白熱した話し合いの土台となります。理由づけには、その人らしさが表れます。その理由の違いを尊重し合う教室の空気感をつくることが、安心感のある教室をつくって

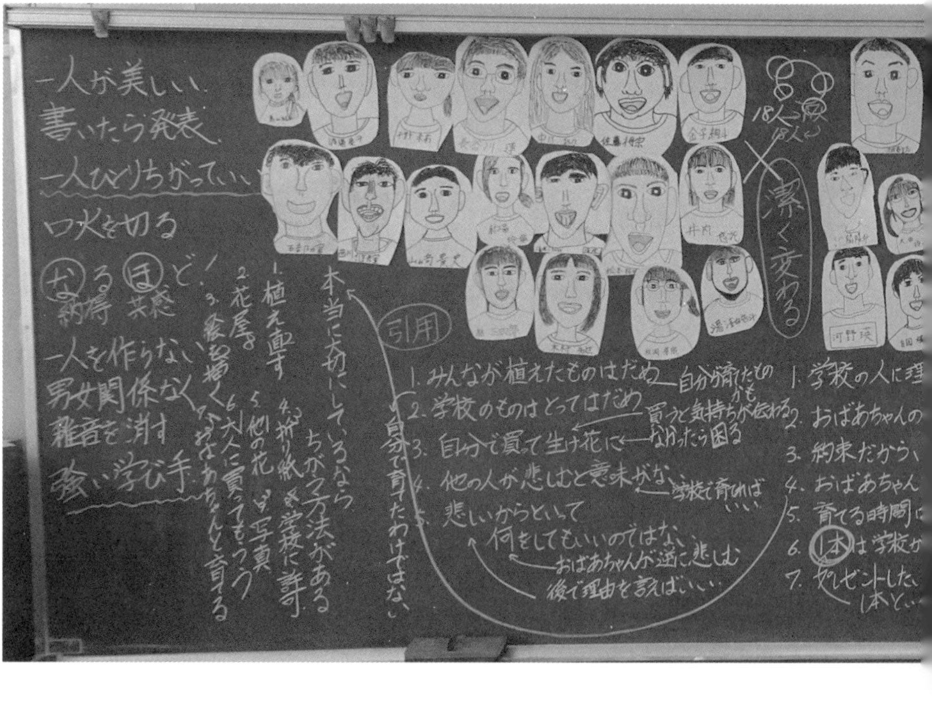

いく重要なポイントになります。

実施時期　４月

５年生４月の道徳の話し合いの授業です。子どもたちが話し合いの基本形を、体感を通して学ぶことや、話し合うことの楽しさを伝えることをねらいにしました。

②能動的な聞き方のモデルをほめる

本実践では、子どもたちのつぶやきを取り上げました。何気ないつぶやきですが、これは能動的な聞き方をしている証です。それらを全体に価値付けして紹介することによって、どんな聞き方がよいのかのモデルにします。積極的に聞く態度を育てていきます。

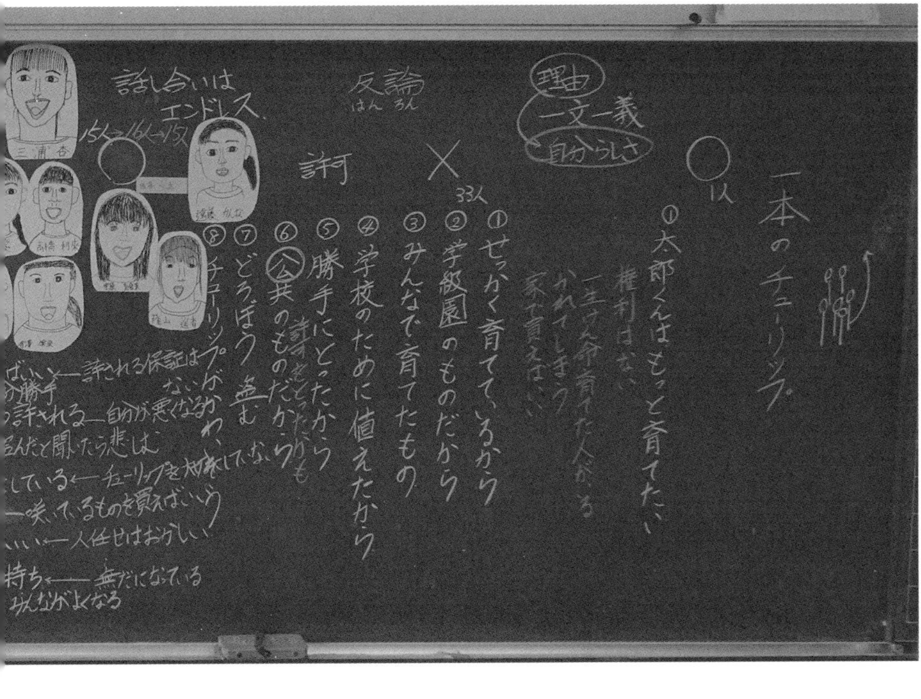

③白熱する教室のイメージを伝える

形成期の子どもたちは、白熱する話し合いのイメージはもちにくいです。そこで、どんな状態がよいのか、どうすれば白熱する教室に近づくのかを、子どもたちの行為を取り上げながら示していきます。こうした具体の積み重ねによってゴールイメージを共有するのです。

「5分の1黒板」の価値語

一人が美しい　　理由→自分らしさ　　一文一義

なるほど！納得 共感　　強い学び手

実践の概要

４つの発問※で構成した授業です。話し合いの基本形を体感しつつ、それぞれの場面で大切なポイントを「５分の１黒板」を使って価値付けていきました。以下の実践記録では、特に個を生かす学級づくり的な場面を中心に取り上げます。ほめることで子どもたちにめざす学びの方向

▲授業が終わってからも、感想の続きを書いていました。授業中に＜強い学び手＞だと価値付けした男の子です。話し合いの楽しさを実感したのでしょう。その後の話し合い学習にも積極的に参加するようになりました。

性を伝えることを大切にしました。
※詳細は「写真で見る菊池学級の子どもたち」（中村堂）をお読みください。

実践記録

※実践記録に登場する子どもたちの名前は全て仮名です。
『太郎さんが学級園のチューリップをこっそり1本取って帰りました。この行為は○か×か』と発問し、子どもたちは立場を決めました。○を選んだのは一人でした。子どもたちも「何で？」という表情です。
そこで、「5分の1黒板」に＜一人が美しい＞と書きました。
『柿山さんのような人のことを＜一人が美しい＞と言います。周りに流されずに、自分の考えをハッキリともっているよね。こういう人が増えてくると話し合いが白熱していきますね』
　と柿山さんをほめました。周りの子どもたちは、柿山さんに向かって温かい拍手を送りました。柿山さんもほっとした表情をしています。

理由に自分らしさが出る

「なぜ、○なのか×なのか」について理由を書く場面で、**＜理由 一文一義＞**と書きました。1つの文に1つの意味を入れることを、具体例を挙げながら説明しました。その後、意見を発表しました。×の発表では、「せっかく育てているものを取ってはいけない」「許可なく勝手に取ったから」といった行為についての意見が出てきました。そんな中、伊原さんは次のように発言しました。
「私は、チューリップがかわいそうだと思いました。花の気持ちを考えると太郎さんの行為は×です」
　子どもたちは「チューリップがかわいそう」というところで「ん？」と少し反応が変わりました。
　そこで、『伊原さん、いいねぇ！』と言いながら**＜理由→自分らし**

さ＞と書きました。

POINT！　「多様な意見を尊重し合う空気をつくる」

『理由には、その人らしさが出ますね。伊原さんは「チューリップがかわいそうだ」と考えたんだよね。先生は、今理由を聞きながら伊原さんらしいと思いました。話し合いの授業では、自分らしさをみんなで生かし合いながら考えるといいよね。一人ひとり違っていいもんね。はい、伊原さんらしい意見に、みんなで指の骨が折れるぐらいの拍手！』

「自分らしさを生かし合いながら」のところで、深くうなずきながら話を聞いている子がいました。理由には自分らしさが出る。だから、一人ひとり違っていいんだという意味が伝わったようです。こうした考えが教室に広がると、安心して発言できる空気感が醸成されます。

なるほど！　納得　共感

２つめの発問で、子どもたちの意見は２つに分かれました。

意見発表→反論準備（同じ立場で反論を話し合う）→反論という話し合いの流れで授業が進んでいきます。

○への反論の場面で、ある子の反論を聞きながら、同じ立場の佐長さんが「なるほど」と小さな声でつぶやきました。

発言が終わるとすぐに、一番前の席に座っている佐長さんに手を差し出し、握手をしました。佐長さんも周りの子どもたちも、「どうしたの？」と不思議な表情です。

『なぜ、先生は佐長さんと握手をしているか分かりますか？』

子どもたちは気づいていないようです。

『今友達の反論を聞きながら、佐長さんが素晴らしいつぶやきをしていたんですよ』と言い、**＜○る○ど！＞**と伏字を入れて書きました。

子どもたちから「分かった！」と元気のよい声が上がりました。

POINT！ 「能動的な聞き方のモデルをほめる」

『佐長さんは「なるほど」とつぶやいていました。そういうつぶやきが出るのは、友達の意見に納得したり共感したりすることですよね（納得共感と書きながら）。話し合いの授業のよいところは、納得して新しい発見を楽しむこと、共感して一緒によりよい考えをつくりだそうとするところです。だから、先生は佐長さんと思わず握手をしてしまったんです。佐長さんありがとうね』

と言いながら、もう一度佐長さんと握手を交わしました。子どもたちから自然と拍手が沸き起こりました。

年度当初のこの時期には、子どもたちにどんな行為が大切なのかを事実を基に価値付けながら共有することが大切です。

そして、この場面では、

- **スキンシップをとる（握手）**
- **なぜ、握手をしているのかを子どもたちが考える（何がどうよいのかを考える目を育てる）**

ことが、教師のパフォーマンス力のポイントです。

強い学び手

×への反論の場面でのことです。『反論がある人は立ちましょう』と指示を出すと、和田さんという男の子が立っていました。大人しい性格で、休み時間も一人で過ごすことが多くありました。授業中は簡単な問いにも手が挙がりませんでした。一度も自分から発言していなかった和田さんが立っていたのでとても驚きました。ここで、彼の背中を押したいと考え、座席後方の和田さんのところまで歩いていきました。子どもたちは教師の動きを「どうしたんだ？」という目で追いかけます。

和田さんの背後に立ち両肩に手を添えて、全体の注目を集めながら

『先生、和田さんがこうして立っているのがすごく嬉しいんだけど、どうしてだか分かる？』

と聞きました。先ほどの佐長さんと同じように子どもたちが考えるよ

うに促しました。すると、今度は数名の手が挙がりました。
「今まであまり発表しなかった和田さんが、立っているからです」
　周りの子どもたちも、笑顔でうなずいています。
『そうです。きっと和田さんは勇気を出して立ったのだと思います。みんなで一緒に学び合おう、考え合おうという気持ちが嬉しいです』
　和田さんに大きな拍手が贈られました。

POINT！「白熱する教室のイメージを伝える」

　続けて、黒板の方へと歩きながら
『授業の中で、和田さんのように強い学び手が出てくることを、みんなで喜び合いたいね。なぜなら、強い学び手が増えると、話し合いがもっと、もっと白熱してくるからです』
　と語り、「５分の１黒板」に＜強い学び手＞と書き加えました。
個を取り上げることで、学び合う学級の空気感をつくっていきます。また、自分たちがめざす白熱する教室のつくり方について、子どもたちにも伝えていきます。形成期にあたるこの時期は、こうした価値付けをしながらゴールイメージをチームで共有していくことが大切です。

授業の後半、「太郎さんはどうすればよかったのか」について考える場面で、同じように、これまで消極的だった鳥山さんが発言しようと席を立っていました。鳥山さんが、発言しようとする前に「5分の1黒板」の＜強い学び手＞をコンコンと拳で叩きながら子どもたちの注目を集め、『鳥山さんも来ましたね！はい、どうぞ』

と発言を促しました。

きっと、鳥山さんは先ほどの和田さんの姿や、それらを認め合う教室の空気感を感じ取ったのでしょう。成長する大きな機会となりました。

実践のまとめ

今回の授業を通して、子どもたちは話し合いの楽しさや面白さに気づいたようです。授業後の感想からも、「5分の1黒板」で取り上げた言

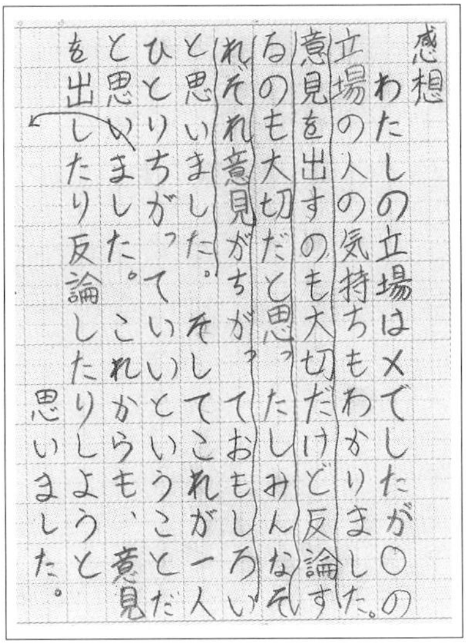

感想
わたしの立場は×でしたが○の立場の人の気持ちもわかりました。意見を出すのも大切だけど反論するのも大切だと思ったしみんなそれぞれ意見がちがっておもしろいと思いました。そしてこれが一人ひとりちがっていいということだと思いました。これからも、意見を出したり反論したりしようと思いました。

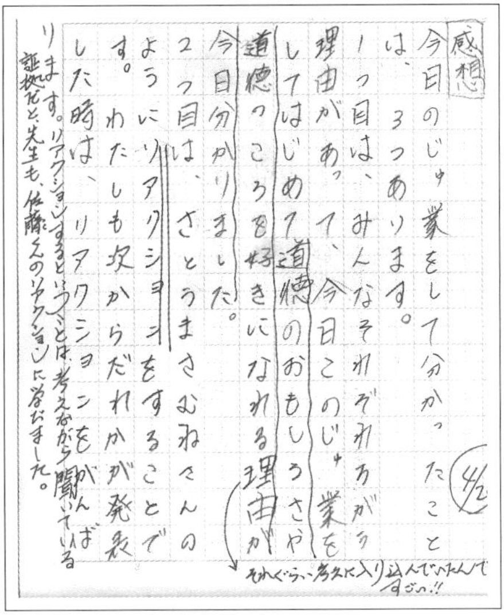

感想
今日のじゅ業をして分かったことは、3つあります。1つ目は、みんなそれぞれちがう理由があって、今日このじゅ業をしてはじめて道徳のおもしろさや道徳のことを好きになれる理由が今日分かりました。2つ目は、さとうまさむねさんのようにリアクションをすることです。わたしも次からだれかが発表した時は、リアクションをがんばります。

葉や価値付け、意味付けが反映されていることが分かります。こうした感想は、コピーして配布したり、教師が読み聞かせたりして次の日に紹介します。教師の声だけではなく、子どもたちの声を取り上げて学級全体に広げていくのです。特に形成期には、こうした積み重ねによってチームとしてめざす方向性をはっきりさせていくことが大切です。その意味でも、「５分の１黒板」は、授業づくりのみならず学級づくりのキーステーションになることが分かります。

今回取り上げた子どもたちは、その後も意欲的に学習に取り組むようになりました。「５分の１黒板」は、安心して学び合う空気感を教室全体に醸成して個や全体を高めていくことができるのです。

第４章

菊池道場長の授業に学ぶ ①

「生き物はつながりの中に」

菊池　省三／堀井　悠平／牧野　真雄

第4章

菊池道場長の授業に学ぶ ①「生き物はつながりの中に」

菊池　省三／堀井　悠平／牧野　真雄

1　菊池学級の話し合いの授業に学ぶ

※堀井先生が中心的に報告をしつつ、菊池先生、牧野先生が解説を加える方法で分析を進めました。

堀井　ここから、菊池先生の授業動画に学んでいきます。ここで見ていただく動画は、最後の菊池学級の６年生の５月14日の様子です。最後の菊池学級ですから2014年です。ゴールデンウィーク明けのちょうど今頃(セミナー開催日は、2023年５月３日)の時期にあたります。

国語科の説明文で６年生の光村図書版の国語の教科書「生き物はつながりの中に（中村桂子文)」という説明文を材料として、ディベート的な話し合いをしている授業です。動画については、101ページ以降に詳細を掲載しています。

「1年間を見通した白熱する教室のつくり方」(中村堂　2016年)の中でも、22ページから43ページで取り上げられていますので、参照していただけたらと思います。

「筆者の問いの答えに当たる段落はどこか」いう問いについて、５段落と６段落に分かれてのディベート的な話し合いをしています。

私がこの動画を見ての感想、あるいは捉えは、「話し合いの基本形を押さえつつ、子どもたちに話し合いの仕方を教え、鍛えている時期」ではないかと感じました。

菊池先生がこの時期の子どもたちの様子を見ながら、ファシリテーションをされています。この動画を見ながら菊池先生や牧野先生に質問をさせていただこうと思っています。よろしくお願いいたします。

菊池先生の授業動画に学ぶ

- 最後の菊池学級６年生５月の様子
- 国語科の説明文「生き物はつながりの中に」でのディベート的な話し合い
- 「筆者の問いの答えに当たる段落はどこか」について５段落と６段落に分かれての話し合い
- 話し合いの基本形を押さえつつ、子どもたちを鍛えている時期
- 菊池先生のファシリテーションやこの時期の子どもたちの様子を見る

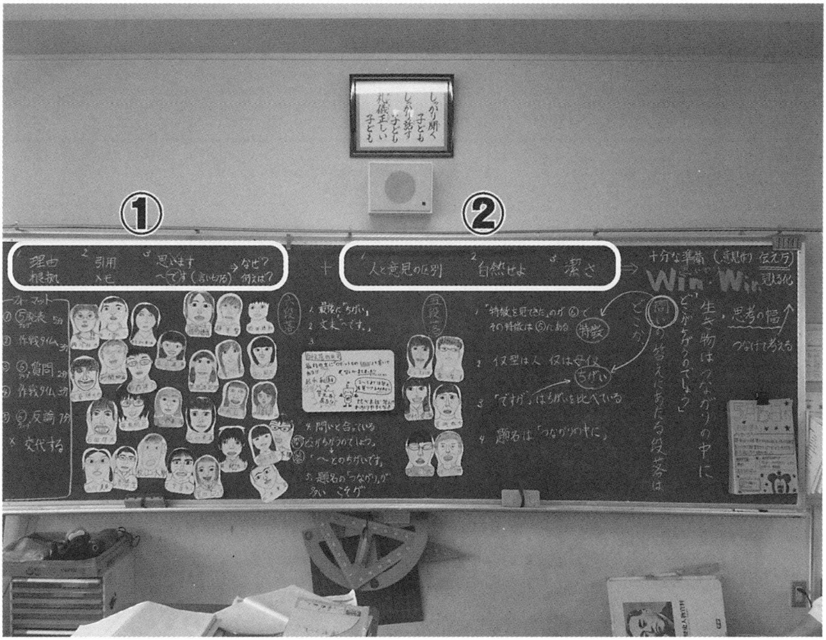

▲授業後の黒板

堀井　前のページの写真が、その授業後の黒板の映像です。黒板の上部を見てください。「理由　根拠」「引用　メモ」といった言葉を、今で言う「5分の1黒板」的に菊池先生が活用されていたのではないかと思います。10年近く前の授業ですので菊池先生もお忘れの部分もあるかもしれませんが、このあたりの「5分の1黒板」の使い方、意図、ねらいのようなものを最初に教えていただけますでしょうか。

菊池　そうですね。今、堀井先生がおっしゃったように、まず話し合いの仕方の基本形を教えていたのだと思います。黒板の左端に1時間の展開、つまり、話し合いのフォーマットを書いています。そして、黒板の上の方に、話し合いの流れに沿って話し合いのポイントになることを書いていたと思います。

そして、残りの部分が、具体的な話し合いの内容の板書です。ですから、黒板の左側5分の1と上に書いてある内容が、残りの5分の4弱にあたる学習内容をコントロールしている構造になっています。

堀井　私も、この板書から、授業の方向づけというか、授業の大まかな枠というか、あるいは「ビジョン」と言っていいのかもしれませんが、そうしたことを絶えず子どもたちに示しながら、授業が進められていたのかなと想像しました。

上の方の左側、囲んで①と書いた部分は、意見を発表するまでの価値語、その右側の②の部分は、話し合いの中で示した3つの価値語かなと思います。

今から見る動画も、まさにこのような人と意見の区別であったり、白熱していたり、潔く立場を変える場面もありますので、こうした菊池先生が示す方向性と、子どもたちの事実がマッチしているところも見ていただけると思います。

菊池　多くの授業の中で扱われているのは、結局、授業内容の部分だけなんですよね。

堀井 そうですね。

菊池 左５分の１と上のあたりは、対話の仕方というか、対話の作法、話し合いの作法、そして、学び方を示しています。この教科書の説明文を使った授業を通して、「生き物はつながりの中に」というお話の専門家を育てようとしているわけではありませんから、単元のねらいをどう捉えるかは、指導する側の教師の意識の強さの問題ではないかと思います。教材文の内容に関する学びで終わってしまっていることが一般的ではないかと思います。説明的文章に限らず、文学作品でも同じですよね。

黒板の右上には、「Win・Win」と書いていますが、話し合いを通して双方が成長していくところまで授業の質を高めていきたいと願っているのです。さらに言えば、「Win・Win・Win」で、話し合いを聞いていた人を含めての成長を考えたいわけです。

話し合いを通して、思考の幅を鍛えていくことが授業の本当のねらいだと言えます。この写真は、私の１時間の授業の特徴的な板書ではないかと思います。

堀井 そうですね。黒板の中でも、右端に書かれていることは、「達成した状態」「望ましい状態」「ゴールイメージ」というものを示されていると思います。牧野先生には、チームビルディングの視点で、こうした授業、あるいは板書の意味するところをお聞かせいただきたいと思っています。「５分の１黒板」の役割とか、この菊池先生の１時間の話し合いの授業の板書をご覧になられて、牧野先生はどのような感想をもたれていますか？

牧野 視点は少し違いますが、まず黒板に貼られた一人ひとりの自画像が重要だと思っています。「協働意志」ということを先ほど申し上げましたが、チームをつくってみんなで話し合いをするときに、みんなでやるということが、自画像を黒板に貼っていることによって、自分の意見がどこにあるのかが視覚的に分かります。また、全員が参加している話し合いであることがみんなに認識され、意見を言わないまでもきちんと決めなくてはいけないという点で、参加の意欲と話し合いのレベルを高めているなと思います。菊池先生は、まず話し合いの基本的なところを教えられていると思います。その技術がなければ話し合いは成立しないので当然必要ですが、よく「やり方」と「在り方」という言い方をしますが、やり方の土台をしっかりと教えて、その上で「何のための話し合いか」、例えば「Win・Win」という在り方を話し合いの中でつくっていくということを子どもたちに明確に伝え、それに向かって進んでいます。

菊池先生が先ほどおっしゃったように、授業のめざすところは「『生き物はつながりの中に』というお話についての専門家を育てる」ということではないのです。黒板の上に書かれているように、しっかり聞いて、しっかり話し、学び合い、話し合いを通して、みんなで成長していきましょうということが日常的に意識化されています。逆に言えばその目的のための授業がしっかりと構成されているので、授業を通して、コミュニケーション力が伸びていくということにつながっていると捉えています。

2 反論のシーン

堀井　ありがとうございます。ここからは、実際に動画を見ながら進めていきます。私はこの動画を見て、教室は「混乱期」にあると思いました。「タックマンモデル」と照らし合わせる視点でも動画を見ていきたいと思います。そのあたりについて、またお二人からご意見をお願いいたします。5段落から6段落への反論のシーンを見ていただきます。元山さんという児童からの反論が始まるシーンです。

元山　魚住さんに反対意見です。説明的文章に起承転結はありません。たとえ表したとしても、言い切っているのだから、それはあなたが間違えています。

魚住　あの…。

元山　もういいです！

菊池　ダメダメ。はい、どうぞ。

魚住　私って、どこで言い切ったんですか。

元山　「言っている」っていうことは、「言い切っている」っていうことです。

魚住　「言い切る」って、「～です！」っていうことですよね。

元山　はい。だから、「起承転結です」って言いませんでしたか。

魚住　私は、起承転結になって…。私は、「～です」とは言わずに、「思います」と言いました。

クラスの他の子　あそこ(黒板)には、「思います」はだめで、「です」と言いましょうとあります。

※教室が少しざわつく。

菊池　今の「ありません」でしょ。「ありません」で切っておけばいいのよ。「違います」って。表した人も言い切っているんだから。それは、あなた（元山さん）が間違えています。だから、表したことと言い切ってることとは別だよね。だから、まず1つずつ確認していくっていうことはした方がいい。「説明的文章に起承転結というのはありません」と。「そのことについてどう思うか」とか。「だから、あなたの説明は理由が間違えてます」って言うんだったらまだ分かります。

元山　はい、分かりました。

堀井　今の場面ですが、子どもたちが結構やり合っているシーンかなと

▲話し合いが進む教室

思います。魚住さんという答える側の女の子がちょっと困っているような表情を浮かべた時に、菊池先生は、その魚住さんへの指導ではなく、このタイミングで反論した元山さんに対して指導されていると思います。その意味で、菊池先生は、この授業で健全な対立の仕方を教えているのではないかと感じました。このことについて、菊池先生の話し合いの中における立ち位置や考え方はどういったものなのかということについてお伺いしたいと思います。

菊池　この動画は、６年生の教室です。元山さんは、５年生から担任している児童でした。魚住さんは、６年生になってから担任した児童です。ですから、私は、元山さんの気性や性格が結構激しい児童だということを１年間の中で知っていました。５年生の時に菊池学級でディベートをやってきたという自負と言うか誇りと言うか、そういうものをもっていて、適切な言葉がどうか分かりませんが、話し合いの中でマウントを取りたいという気持ちが強く出ていたと思います。

　そのことと、私のそれまでの指導の中で、「思います」というのは、個人的に思うことだけだから、それでは議論にならないから、「きちんと言い切れ」ということをそれまでも指導し、この時間でも言っていたのだろうと思います。そうした指導に反応して、自分で発言できるのが元山さんでした。ここでそれが前面に強く出てきたので、菊池学級に来たばかりの魚住さんは混乱してしまうわけです。ですから、元山さんの学び方のよさは当然認めつつも、教室の半分は、魚住さんのようにまだ話し合いの経験が少ない児童ですから、その子たちのことも丁寧に押さえておく必要があったということです。

教師がファシリテートしないで放っておいたら、それこそぶつかり合う「混乱期」だと思います。そういう時期で、不安なこともいろいろあったと思いますが、魚住さんは、素直に学びに向かっていこうとしていて、この5月中旬までのこの1か月、一生懸命取り組んでいました。教師が見なくてはいけないのは、一人ひとりの子どもの違いですよね。背景の違いというか。そのあたりのことは、教師として整理してあげようと考えていたと思います。一人ひとりの違いに対して教師が有効に関わることができなければ、よく分からないまま自信をなくしたり、面白くないと思ったり、対話・話し合いなんて楽しくないと投げ出したりする子が現れて、それが教室の中に広まっていってしまうでしょう。元山さんのような子が「一人勝ち」して終わるような授業を学級全員の学習として行うわけにはいきません。この時の判断としては、元山さんと教師である私との関係の中で、多少厳しく言ったとしても、動画でも「分かりました」と本人が言っていたように、私の言葉、指導を受け入れられるだろうというような見通しも、私の中にはあったのだろうと思います。

堀井　関係性も踏まえての指導が重要だということですね。

菊池　そうですね。はい。

堀井　私自身は、魚住さんを菊池先生が1か月前に担任したばかりだということを、今初めて知ったのですが、菊池学級は２年連続かなと思うくらい、この段階で、受け答え一つ見てもはっきりしていると思いました。持ち上がりの子どもたちが、いい意味で「ビジョン」を示してくれて、学級を引っ張っていってくれる部分があるのかなと思いますが、この点はいかがでしょうか。

菊池　魚住さんは、元々力のある子でしたので、元山さんのようなちょっと激しいタイプの子とも、芯の部分ではきちんと対立できたと思います。ただ、知識とか経験の差がもちろんありましたが、それだけでは負けない子だな、というように感じていました。本当にそのあたりのことは微妙だと思います。

3 「混乱期」の指導

堀井　その点の差のようなものが、この授業動画を見る中で感じられました。担任１年めの子と２年めの子との関わり方を、菊池先生が変えながら対応している様子も、このあと見ていただけるかなと思います。続きをご覧ください。

宮崎　６段落に反論するんですけど、６の段落の最初の文に「生き物の特徴を見てきました」と書いてあるので、６の最初の文だから、６の文のあとは特徴のことは書かれていないので、６の段落には特徴が書かれていないという…。

菊池　はい。端的に言いましょう。

内川　僕は、特徴の意味を調べてみました。調べてみると、他のものと比べて…。

堀井　菊池先生が「端的に言いましょう」と言われていますが、私からすると、最後まで聞いてしまうのではないかと思います。菊池先生が、ここで切っていくというのは、やはり「空気感」の問題なのかなと、私

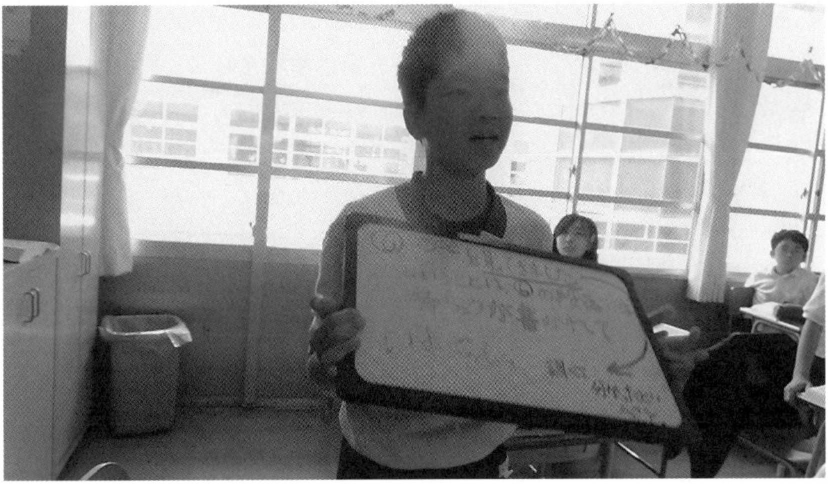

▲宮崎くんが発言

は捉えましたが､この時の菊池先生の考え方をお聞かせいただけますか。

菊池　教室全体の空気を見て、「このままではだれちゃうな」という感覚があったと思います。ただ、もっと言うと、私は、対話･話し合いは、いい意味でスピート感が必要だと根底では思っていますので、めざすゴールにある対話・話し合いの方向にもっていきたかったということでもあります。じっくり考える、一人ひとりが考えに浸るということも大切なことだとは思います。でも、単純なスピード感だけを見ているのではなく、じっくりと考えているということが感じられれば、このようなことは言わなかったと思います。ただ、この時の発言は、授業の流れの中では、じっくり考えているというものではないと思い、だれてしまう空気を感じたので、「端的に言いましょう」という言い方をしたのだろうと思います。

堀井　だらけた空気をつくらないというようなことを、絶えず意識しながら、子どもたちを見ていた、という感じですか。

菊池　ディベート、あるいはディベート的な話し合いというのは、2、3人でやる対話ではなく、これだけの人数、学級全体でやっているわけですから、共通に理解し合うためには、端的な話し方、つまりそういう文型・話型のようなものが、この時期の全体の話し合いでは、必要だと思います。それがなくて、30何人で話し合いをしていたら、どうしても空気はなんとなくだらけてしまうものです。まだこの段階では、相手の話をじっくり聞いて、じっくり考え合うという共通の学びの空気までは進んでいません。したがって、「端的に言いましょう」と指導することで、全員が理解できる段階を、まずめざしました。結果 スピード的なものも要求せざるを得なかったという感じかなと思います。

堀井　やはり、それもチームの成長段階というか、子どもたちの育ちの段階を適切に判断しながらされていることだなと、今、お話をお聞きしながら思いました。

菊池　子どもたちが型をある程度学んで、自分のものにしていないと、次のステップに進めることはできません。ある程度ステップが進んで、よりよい話の仕方とか聞き方ができるようになれば、またそれを型にして、また次の段階に上がっていくことができます。「型→自由→型→自由」とよく言いますが、その型の部分が最初から崩れていたら、だらだらとしたものになってしまって、ある程度聞いて理解できる一部の子だけが参加するという1年間になってしまいかねません。先ほど牧野先生もおっしゃったように、「一人も見捨てない」で全員が進んでいくためには、この時期には、きちんとしたものの言い方をして、子どもたちに伝え、子どもたちもみんなでそのことを理解し合って、みんなで考えを深めていく、そこが必要だと考え、大切にしていたと思います。

堀井　ありがとうございます。今、菊池先生が話されたことが、この動画には収められていると思います。このあともそうですが、空気感にしても、全体のことを考えた言葉かけにしても、この1時間の中でたくさん見ることができます。

菊池　「5分の1黒板」しかり､黒板の上の方に書いた学び方などを､「生き物はつながり中に」という教科書の教材を使って、少し強めに出しているという授業場面ではないかと思います。

堀井　そうしたことは、意図的にされていたということですか。

菊池　そうですね。ディベートは、こういう話し合いよりも、もっと厳密に時間と順番が決まっています。それは、話し合いをよりよいものにしていくために､「出番」「順番」「番」を決め、平等性を保障しているのだと思います。だらだらとした話し合いになってしまうと、この話し合いのこの場面では何を言わないといけない「番」なのか、自分はどこで出ていく「番」なのか、なかなか難しいものです。私は、30何人もいる教室でも、みんなで平等に学び合うということが、議論の基本だと思っています。宇佐美寛先生も、「番」と「平等」ということを主張されています。そのことを子どもたちに教えていくというか、体験させたいという思いが強かったのだろうと思います。
「頑張って言おうとしている」とか、「一生懸命考えているね」というプラスの評価をすることはもちろんできるわけです。「端的に言いましょう」と私が言った男の子は、宮崎くんと言います。彼にそういう評価をすることもできます。でも、私は、この段階では、対様・話し合いの授業を1年間展望した時に、年間を通してこの時期に、こういうことを教えておきたいという思いが、強かったのだろうと思います。そんな考えで､「端的に言いましょう」と言ったのだと思います。

4 分裂する問い

堀井　宮崎くんも魚住さんもそうですが、この場面のあとも心が折れることもなく、また立ち上がって発言をしています。友達から、あるいは先生からこうした発言があると、それでしょげてしまうことが普通だと思いますが、本当に表情も変わっていません。そうしたこともあって、教室の中に凛とした空気があり、子どもたちは凛とした表情をしていると思います。新年度がスタートして１か月ちょっとの５月 14 日に、こういう空気感なのかと、最初にこの授業動画を見たときは衝撃的でした。

続きの動画でも、今、菊池先生にお話しいただいたことがつながる部分がたくさんあると思いますので、見ていきたいと思います。

内川　（僕は、特徴の意味を調べてみました。調べてみると、）ほかのものと比べて特に目立つところです。目立つとなぜ、この議題に目立つことが関係あるんですか。
中村　あなたが勝手にその特徴のことを調べたのに、「目立つことは関係ありますか」ってどういうことですか。
菊池　ただそれだけね。はい、反論どうぞ。

▲内川くんが辞書を調べて発言

▲中村さんが反論

堀井　この場面もそうですね。不毛な議論になりそうなところは、「ただそれだけね」とさっと切っていく様子も、先ほどと同じような意図なのかなと思います。

菊池　昨年度から私は、いろいろな学校にお伺いした時に、10分か15分の対話・話し合いができるような教室をつくってほしい、というお話をしています。そのためには「分裂する問い」が必要だということも言っています。この動画の場面は、正に分裂した状態です。そして、対話・話し合いの力というのは、全ての学習の、全ての教室のインフラだと思っているとお話もしています。インフラを整備しない限り、国語をやろうが、理科をやろうが、そして、社会科をやろうが、その中で対話・話し合いと言っても絶対に成立しないと思っているのです。対話・話し合いを成立させるためには、それをするにふさわしい人間関係をある程度構築しておく必要があるのです。そのインフラの作法をきちっと教える。教えても大丈夫な関係性もつくっておく。この微妙なバランスをとりながら、授業に臨んでいたと思います。

堀井　そのあたりは、空気感や関係性を肌で感じながら判断をしていくということですか。

菊池　そうですね。私は、そんな偉そうなことは言えませんが、先ほどの牧野先生のお話にもあったゴールイメージ、つまり、対話・話し合いはこうあるべきだというものをもって、１年間を通して、そこに向かっていくわけです。そのために、５月のこの段階では、１か月間の中で関係性はある程度構築しつつあるわけですが、ゴールに向かう対話の参加の在り方、発言の仕方、そもそもの対話・話し合いの仕方みたいなところのインフラを鍛えようとしていました。

堀井　今お聞きしたような部分を鍛えていないと、この先の「標準期」や「達成期」にたどりつけないのではないかと思いました。

菊池　そうですね。教科書の教材をこなしていく授業の中で、「ふりかけ」的に上辺だけの対話・話し合いをするのではなくて、対話・話し合いという軸のために、たまたまこういう教材があるという捉え方をしていたのではないかと思います。

堀井　やはり、そういう捉え方なんですね。その辺りのことは、菊池先生の実践を見ていて、対話・話し合いの流れの中で、たまたまこういう教材があったからそこで教えようとしているという意識なのではないかとずっと思っていました。

菊池　対話・話し合いの軸がないと、みんなで「一人も見捨てず」に学び合う、成長し合うということはできません。インフラですから、それがない限りは絶対にゴールに行くことはできないのです。対話・話し合いは、手段でもいいのですが、これはインフラだという意識がないからか、あるいは「ふりかけ」レベルで捉えているからか、１年経っても、対話・話し合いの力が伸びないという結果になってしまうのです。その場その場限りの「ふりかけ」です。明確なゴールイメージをもたないで、1年間それを続けた学級が、どのように育つのかと想像すると、「？」が浮かぶ感じです。それなりにまとまった教室では、その都度その都度の「ふりかけ」でも、外から見れば、それなりの対話・話し合いができているようには見えるかもしれませんが､私がめざすゴールイメージは、そういうものではないということです。

堀井　自分のことをふり返ってみると、まだまだ「ふりかけ」的なところもたくさんあって、ゴールイメージにたどりつけていないなと思うところもありました。もう1点、お話を聞きながら思ったことですが、菊池先生の中では対話･話し合いが中心ですから、チームの成長段階も、個人の成長に合わせて加速していくのかなと感じました。牧野先生は、これまでの菊池先生のお話も含めて、どのように菊池実践を捉えていらっしゃいますか。

牧野　5月ですので、いわゆる「混乱期」なのかなと思います。対話・話し合いの授業を適切な指導や手当てがされないままに進んでいったら、この「混乱」した状態がそのまま続いていくだけではないかと思います。先ほど言いましたが、チームをつくっていくことによって、話し合い自体が変わってくるということだと思います。動画を見て改めて気づいたことは、「標準期」と「混乱期」においては、対話・話し合いについて言えば、教師がしっかりリードして基本を教えなくてはいけない段階だということです。子どもたちに任せっきりにしていたら、混乱が進んで、大変なことになってしまうのではないかと思います。ファシリテーターとして教室の子どもたちを、よい話し合いの方向にコントロールするということが肝要です。この前の段階で、教師と子どもたちの関係性ができているから、「混乱期」が「混乱期」としてよい状況をつくり出していると思います。逆の言い方をすれば､「混乱期」によい「混乱」

をつくり出すと言うか、「混乱期」をそのまま「混乱」させると言うか、その話し合いの中でいろいろな体験をさせていくのです。

対立で終わるような話し合いは途中で切っていますし、対立から対話になるような話し合いの仕方を体験させるように指導がされていると思います。これができていけば、この先も、話し合いやディベートの仕方をどんどん吸収して、子どもたちはどんどん成長していくだろうことが予想できます。

動画を見ると、菊池先生は、やり方の部分では結構厳しい指導をされていると思います。それは前提として、教師と子どもの関係を早い時期につくっているということが土台になっていると思います。子ども同士は、まだ関係がそれほどはできていないかもしれませんが、教師と子どもの関係がしっかりできているので、ある程度厳しい指導もできるし、話し合いの局面での指導の方法は多少厳しかったとしても、学校生活全体の中では「ほめて、認める」ということを基本としていますし、子どもたちもそうした中での指導ですから、先ほどのイチロー選手の話ではありませんが、ある場面で菊池先生に厳しく言われてもきちんと受け入れられるし、全体的には認めてくれているという安心感の中で一緒に学んでいこうと、成長意欲を失うことなく自信をもって課題に立ち向かい、進んでいるのではないかと思います。

堀井　本当にそう思います。安全な場になっているという感じもします。牧野先生のお話にもありましたが、私は動画を見て、菊池先生は、「混乱期」にあえて「混乱」を誘発しているような印象を受けました。菊池先生の感覚の中では、「タックマンモデル」を知る前から、こういう時期も必要なんだという気持ちがあったのではないかと思いました。

菊池　例えば、魚住さんや宮崎くんがこの授業の中で見ていただいたような体験をします。堀井先生がご指摘されたように、でもそのことにめげることなく、また対話・話し合いに参加しようとする。私は、そういうところを大切にしたいのです。そのための体験です。体験することで、強い学び手に育ってきていると思います。一部の子だけで進んでいく授業では、いつまでたってもなかなか手を挙げられない、発言ができない子は、そういう体験の機会を与えられることなく、強い学び手が育っていかないで終わってしまうということになります。みんなの矢面に立つようなケースの中で、その子を価値付けて、どう育てていくかという教師の思いが、あとあと効いてくるのではないかと思います。
「話し合い力は学級力」だと言われます。学級全体で力を伸ばしていきたいと思い、私はそこをめざして取り組んでいたと思います。

堀井 このあと、杉森くんという男の子が発言するシーンがあります。杉森くんは、持ち上がりの児童ですか。

菊池 いいえ、違います。

5 学び合う空気

堀井 やはり、そうですね。杉森くんの発言の時に、ちょっと空気感が変わります。穏やかにクラスのみんなが見守るような感じがします。最後にその部分を見て、この時間の動画分析を終わりにしたいと思います。杉森くんの意見を聞いて、宮崎くんが自分の意見を変えるところです。

杉森 「このつながりこそが、生き物の生き物らしいところであり、ロボットとのちがいです」と書かれています。このセクションからはつながりがちがいということになっているので、6段落では外の世界、10行めに「外の世界とつながり、一つの個体としてつながり…。

菊池 (杉森くんの発言中に)大関くん頑張れるかな。めちゃくちゃすごい、いい意見言ってくれてるんだけどな。

杉森 …長い時間の中で過去の生き物たちとつながる」と書いてあ

ります。そのつながりが３から５で出てきたつながりが、全て６段落に書いてあります。

内川　こちらの方は、５よりも必要性が高いと思います。

宮崎　あの、僕は反論じゃなくて、もう変わります。６に変わります。理由は、今の杉森くんの意見で、この５の意見はちょっとまとまりがなくて、この６の部分は、長いつながり、長い時間から「ちがいです」と、まとめて文章に、文章をまとめて説明しているから、僕は６に変わります。

菊池　それはそれで、はい、拍手を送ってあげましょう。

▲杉森くんの発表

堀井　杉森くんのところ、それまで結構ピリッとしたような空気感があったのですが、杉森くんが話し出すと、子どもたちもすごく穏やかで、「みんなで杉森くんの発表を大切にしよう」という雰囲気を私は感じました。そのあと、内川くんが言い切れなかったところをフォローするように付け足して言い切り、そして、宮崎くんが意見を変えるという流れでした。杉森くんも、この発言をすることで、ぐっと伸びていくというか、自信を得て高まっていったのではないかと思いました。菊池先生の授業の中では、そういった成長のドラマのようなものがあると、この部分を見て思いました。

菊池 10年近く前の授業ですので、正直なところ、どのような意図をもっていたかという点で細部までは定かではありません。元山さんと宮崎くんも、前年、5年生の時に担任しています。ですから、「多少厳しく言っても大丈夫」という気持ちがあったのかもしれません。魚住さんも、杉森くんも、菊池学級に来たばかりですから、この2人に対しては、あまり厳しい空気感を、私も出していなかったのかもしれないです。

発言の仕方とか、考え方というのは、もちろん大事ですが、それ以上に、子どもたちが元々もっている力をどう引き出すかが大切だと思います。魚住さんも杉森くんも、もともと力があると私は判断し、信じていたのだと思います。つたない言い方しかできない状態であったとしても、この2人には、潜在的な力を発揮してもらいたいと思っていたのです。元山さんも、宮崎くんも、もちろん力をもっていると思っていましたが、今年から加わった新しい友達に対しては、自分たちは5年生の時から頑張ってきたんだよ、というちょっととんがった気持ちがあったのだろうと思います。それも自然なことですが。子どもらしく出たというか、あるいはそこまで考えていないで、ただだらだらとしゃべっているとしたら、「それは違うよ。中身を問題にするよ」ということを示しておきたかったのです。「話し合いの型」も追究しますが、あくまでも「思考の質」がベースですから、「型」に溺れて、その質を見ないような発言、それを伝えようとしないような発言は認めないということを明確に示しておく必要があります。極端に言えば、5年生から一緒に学んできた子どもたちに対しては、「何のために1年間やってきたのか」という思いもあったのかもしれません。

10年近く前の動画を、今回こういう形で分析していただきながら、視聴されている先生方と共にふり返り、考え直すことができたことをとても嬉しく思っています。クラス替えがあったクラスだけではなくて、どの教室にもいろいろなお子さんがいます。「型」が得意な子、質も伴わせて発言できる子、一生懸命「型」を取り入れようとする子、いろいろな子がいます。そもそも大切なことは、自分の思いを言える、ということですから、まだスタートの段階ですから、めざす質の部分を理解し合い、みんなで大事にしようという、私の教師としての願いがあったのだと思います。

堀井　個に応じた指導を丁寧にされていたことがよく分かりました。ありがとうございました。

使用動画の紹介【動画①】　菊池学級（6年1組）

「生き物はつながりの中に」

2014年5月14日

https://youtu.be/7qMjwwsHYZg(6分45秒)

▲元山さんが意見を発表

元山　魚住さんに反対意見です。説明的文章に起承転結はありません。たとえ表したとしても、言い切っているのだから、それはあなたが間違えています。

魚住　あの…。

元山　もういいです！

菊池　ダメダメ。はい、どうぞ。

魚住　私って、どこで言い切ったんですか。

元山　「言っている」っていうことは、「言い切っている」っていうことです。

▲少しとまどう魚住さん

魚住　「言い切る」って、「〜です！」っていうことですよね。

元山　はい。だから、「起承転結です」って言いませんでしたか。

魚住　私は、起承転結になって…。私は、「〜です」とは言わずに、「思います」と言いました。

クラスの他の子　あそこ（黒板）には、「思います」はだめで、「です」と言いましょうとあります。

※教室が少しざわつく。

菊池　今の「ありません」でしょ。「ありません」で切っておけばいいのよ。「違います」って。表した人も言い切っているんだから。それは、あなた（元山さん）が間違えています。だから、表したことと言い切っていることとは別だよね。だから、まず１つずつ確認していくっていうことはした方がいい。「説明的文章に起承転結というのはありません」と。「そのことについてどう思うか」とか。「だから、あなたの説明は理由が間違えてます」って言うんだったらまだ分かります。

元山　はい。分かりました。

宮崎　６の段落に反論するんですけど、６の段落の最初の文に「生き物の特徴を見てきました」と書いてあるので、6の最初の文だから、6の文のあとは特徴のことは書かれていないので、6の段落には特徴が書かれていないという…。

菊池　はい。端的に言いましょう。

内川　僕は、特徴の意味を調べてみました。調べてみると、ほかのものと比べて特に目立つところです。目立つとなぜ、この議題に目立つことが関係あるんですか。

中村愛海　あなたが勝手にその特徴のことを調べたのに、「目立つことは関係ありますか」ってどういうことですか。

菊池　ただそれだけね。はい。反論どうぞ。

常　黒板に『2. 文末「です」』と書いてあるじゃないですか。それは…。

菊池　小川さんが言ってくれたやつね。はい。

常　この③の文末にも「です」と書いているから、6だけではありません。

魚住　文末が「です」となっていることから、その前がちょっと省かれてるんですけど。だから…。

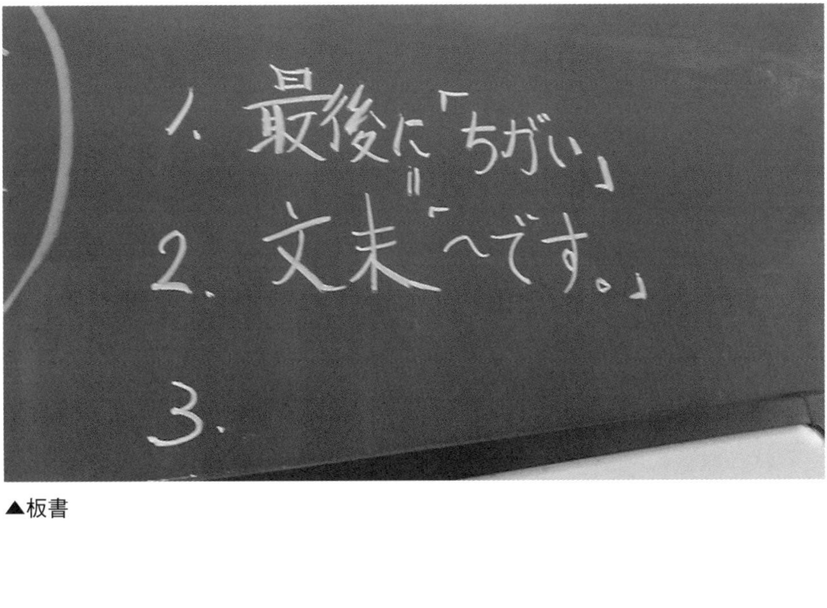

▲板書

菊池　もう断ち切っていいんだよ。こう、もぐもぐしてたら時間がもったいない。

中村愛海　はい。じゃあ、私。

菊池　反論？

石田　はい。宮崎くんに反論なんですけど、６に特徴は書いてないって言いましたが、問いの答えにあたる段落はどこかなので、「どこが違うのでしょう」が議題になるので、別に特徴はいらなくて、違いだけを求めていると思うので、別に特徴が書かれていなくてもいいと思います。

中村愛海　質問があるんですけど、なぜあなたたちはその特徴を問いって認めないんですか。

※複数の意見が同時に出される。

内川　その特徴から材料を取って、そこからあとで結論出して…。

中村愛海　逆じゃないですか。文章には「違いを探りながら」って書いてます。

山形　特徴というのは、違いにも少しなるんですけれども…。

※複数の意見が同時に出される。

菊池　だから、その、その根拠を示してくださいっていうような反論をしないといけないよね。あなたも、「少しは入っている」っていう証明をしないといけなくなるわけよね。それは、お互いが考えが深まっていくってことですよね。とてもいい議論です。はい。続けましょう。はい。反論。

中村愛海　佐竹さんが、違いが…、あの…。すみません、忘れました。

元山　これは、書いたりしていることじゃないんですけど、先ほど岡田くんと村上さんが６段落めには「ロボットとの違いです」っていう言葉が書かれているって言っていたじゃないですか。その違いですっていう、その書かれていること自体には、ちゃんとした内容というものが６段落には書かれていないから、違うと思いますよ。

岡田　どうして、それが分かるんですか。

元山　書かれていないからです。

菊池　はい。杉森くんに聞いてみよう。はい。

杉森　「このつながりこそが、生き物の生き物らしいところであり、ロボットとのちがいです」と書かれています。このセクションからはつながりがちがいということになっているので、６段落では外の世界、10行めに「外の世界とつながり、一つの個体としてつながり…。

菊池　（杉森くんの発言中に）大関くん頑張れるかな。めちゃくちゃすごい、いい意見言ってくれてるんだけどな。

杉森　…長い時間の中で過去の生き物たちとつながる」と書いてあります。そのつながりが３から５で出てきたつながりが、全て６段落に書いてあります。

内川　こちらの方は、５よりも必要性が高いと思います。

宮崎　あの、僕は反論じゃなくて、もう変わります。6に変わります。理由は、今の杉森くんの意見で、この５の意見はちょっとまとまりがなくて、この６の部分は、長いつながり、長い時間から「ちがいです」と、まとめて文章に、文章をまとめて説明しているから、僕は６に変わります。

菊池　それはそれで、拍手を送ってあげましょう。

第 5 章

セミナー視聴者からの講師への質問 ①

第 5 章

セミナー視聴者からの講師への質問 ①

Q 1　今日は、たくさん学ばせていただきました。よろしくお願いします。

授業動画の中で、少し気になった点がありましたので、感想を交えながら質問させていただきます。

持ち上がりのお子さんであったり、この年に初めて担任するお子さんがいたりするということで、菊池先生の子どもたちに対する価値付けだったり、意味付けだったりが、個に応じて対応されていたところが、とても勉強になりました。

チームビルディングの視点ももちつつ、その子の特性に応じた声かけによって、チーム全体がさらに伸びていくということをイメージされながら、指導をされているということもよく分かりました。

見せていただいた授業動画の中で、堀井先生もおっしゃっていましたが、ピリッとした空気が授業の序盤に流れていたと思います。そうした中で、発言できない子たちも教室の中にはいるのではないかと想像しました。

そういった子たちと菊池先生のつながりは、成長ノートだったり、価値語モデルという写真だったりでつくっていくのかなと思いました。どのようにして子どもたち一人ひとりとつながりをつくっていかれたのかという点、「形成期」に必要なポイントについて教えていただきたいです。

A　菊池

ありがとうございます。私自身がどこまで自覚的であったかは分かりませんが、思い出しながらお答えします。

教室に30数人の子どもたちがいて、1時間の授業中で全員が発言するということは、物理的に無理だろうと、ある意味初めから思っています。

「発言する」という目に見える部分よりも、よく言われることですが、「発言の有無ではなく、その子がいかに考えているか」ということを大事にしたいと思っています。

「対話・話し合いの授業」では、本当は私も、しっとりとした、聞き合うというか、考え合うというところをめざしたいわけです。ですから、全員参加ということは望ましいかもしれないですが、物理的には難しいことですから、それよりも次に生きるための対話、話し合いの仕方を体験を通して身につける学習をして、その中で発言する、しないということは大きなことかもしれませんが、いかに聞いているか、あるいは聞き合うような教室の空気が出てくるかがより重要ことではないでしょうか。

見ていただいた動画は私自身がデジタルカメラで撮ったものです。カメラのファインダーは覗いていません。カメラを持ちながら、発言している子どもの方に近づいていくわけですが、私の視線は教室全体を見ています。

途中、杉森くんが発言している最中に、「大関くん頑張れるかな。めちゃくちゃすごい、いい意見言ってくれてるんだけどな」という声かけをしています。大関くんも6年生から私の教室に入ったお子さんです。全体を見ながら、ちょっと気になって目についた彼に対して、そういう声かけをしているのです。

質問者　ありがとうございます。授業動画を見ながら、菊池先生の視線は発言をしている子の方にいっていると勝手に思っていましたが、聞き合っている学級全体の様子を見ているということをお聞きして、新しい視点をいただきました。自分自身が授業をビデオで撮るときに、学級全体がどのように聞き合っているかを教師が感じ取るということを大切にしていこうと思いました。ありがとうございましたそ、

菊池　見ていただいた授業では､論点が多様だったと思います。例えば、５の段落、６の段落に分かれていたとしても、なぜ５の段落かという時の根拠も多様ですし、６の段落だと主張する子の中でも根拠が多様なので､たくさんある内の１つがぶつかっているとしたら､それ以外の意見、理由の子は、自分が用意している根拠とは直接内容的には絡まないわけです。論点が一部でその点について話し合いをするから発言する子もどうしても一部になってしまうという側面があります。その内容には入れない子も､「学び合う時に、自分の今もってる意見や根拠は直接は関係しないこともあるけれど、その場合も、議論はきちんと聞き合おう」ということは指導して、その点で目を配っているわけです。デジタルカメラを持って動きますから、気づいたことがあれば、その子の近くに行って、集中力が切れないように声かけをするということは、日常的にしていたと思います。

質問者　ありがとうございます。在り方の部分も聞くことができて、とても勉強になりました。

Q 2 牧野先生への質問です。「タックマンモデル」の説明を、今日改めて詳しくお聞きすることができて、とても勉強になりました。ありがとうございました。

リーダーのことについてお聞きします。リーダー像にも、いろいろなものがあると思います。教師のことで言えば、教師のキャラクターとか、性格とか、人間性みたいなことは多様だと思います。そうした教師の個性は、「タックマンモデル」に基づくアプローチの仕方とか、関わり方にどのような影響をもつものでしょうか。教師の個性と学級の成長のことについて興味があります。

「タックマンモデル」の成長曲線と、一人ひとり違う教師の取り組みの間に、どのような関係性というかつながりがあるのかなと考えています。この点について教えていただけますでしょうか？

A 牧野

ありがとうございます。

一般的に、「タックマンモデル」とリーダーのタイプみたいなことは、それほど研究がされていないのではないかと思います。ただ、私がいろいろな組織に関わって、いろいろなチームとそこのリーダーを見てきて思っていることでお答えします。まず「ビジョン」をもっていないリーダーのもとでは、組織の成長はないと思います。誰かに「『ビジョン』をつくってくれ」と頼むということは、まずありえないと思いますので、やはり教師が、「どんな学級にしたいのか。どんな子どもを育てたいのか」という「ビジョン」を、その人が、どんなキャラクターだろうが、どんなタイプだろうが、それはリーダーである教師がしっかりともつということが、何よりも大事だと思っています。

それ以外のところで、授業をどのように進めていくかという段階の話として、教師の個性を考えた時、自分自身のこともありますが、クラスの子どもたち、メンバーをどう生かすかが重要だと思っています。教師にも、得意なこともあれば、苦手なこともあります。ちょっとこの部分は、自分に技術が足りないなと思うことがあれば、子どもたちを巻き込むとやり易くなるのではないかということを考えることが大切だと、私は思います。自分が全部できなくてはいけない、と背負いこむ必要はないと思います。自分はこういうタイプだから、あの子に前に出てもらってうまく進めてもらう、ということはあってもいいと思うのです。

逆に言えば、菊池先生が結構されることですが、教師が言いたいことを子どもに言わせることで、効果的に伝えたいことや空気づくりを子どもにしてもらうということは、とても意味のあることだと思います。菊池道場の中でもよく話されている「組織の 2:6:2 の法則」というものがあります。空気を率先してつくることができる２割の子どもたちを活躍させることで、学級全体をよい方向にもっていくということですが、２割の子どもたちに成功体験を積ませることで、同時にリーダーシップを育てることにもなります。そうした教室の中の子どもたちをよく見て、組織の成長を促していきたいと思います。答えになっていますでしょうか。

質問者　はい、ありがとうございました。

菊池　私の教室のこの時期は、多少緊張感があるのかもしれません。けれども、私としては「先生は、『対話・話し合い』という学びを大事にしていますよ」という根本にあるキャラクターというか、リーダーとしてメッセージは送っていたと思います。

Q3 今日は、本当に得難い学びをありがとうございました。

堀井先生に質問をさせていただきたいと思ってます。前半、「ビジョン」についてのお話を聞かせていただきました。牧野先生のお話にもあったと思いますが、「達成期」を経験した人が多いほど成長のスピードが速くなっていくということでした。教師にもこのことは当てはまるのでないかと、私は思っています。めざしたい学級のゴールイメージ、ビジョンをどれだけ私たち教員がしっかりともてるかということが、学級の成長のポイントだと思います。

自分自身、この４月をふり返ってみて、自分の授業のゴールイメージも、育てたい子のゴールメージも、まだまだ弱いなと感じているところです。もっと、しっかりとつくっていかなくてはいけないと思っています。

その点で、堀井先生ご自身は、どのようにしてめざすゴールイメージやビジョンを自分の中で確かなものにしていくために、どのようなことをして確固たるものにしてこられたのか、ビジョンをどんどんバージョンアップさせてきているのか、これまでのご経験や、今取り組まれていることを教えていただけたら嬉しいです。よろしくお願いします。

A　堀井

ありがとうございます。それは、ズバリ、菊池先生の動画を見て学ぶということです。このことが、自分にとっての一番です。菊池先生の動画を見て学ぶことが、自分にとって一番めざすゴールイメージをつくっています。もう１つは、昨年度、自分の授業を菊池先生にも入っていただいてストップモーションで分析をする機会がありました。自分の学級を少し客観的に見て、自分の学級と菊池学級を比較した時に、自分のゴールイメージの弱さを実感しました。そういったことを繰り返しながら、1年1年を積み重ねてきています。自分自身としては、全力で取り組んでいるつもりですが、本物を見ることで、自分自身の授業の至らないところがよく見えてくると共に、自分のもっているゴールイメージが、まだ弱いな、足りていないとふり返っています。自分を鍛えてくれているのは動画を見て学ぶということです。

質問者　ありがとうございます。菊池先生の授業動画だけではなくて、ご自身の授業動画もしっかりと分析をして、見比べることで自分に足りていないものを課題としていくという学びをされているということですね。

堀井　そうですね。研究家みたいになると菊池先生の授業を見るだけで、「こんなイメージをもつことができた」という感覚にはなると思いますが、私たちは実践者ですから、自分自身の授業をふり返らないといけないという意識は常にもっています。

質問者　ありがとうございます。大変参考になりました。

Q4　ありがとうございました。これまでのお話を聞いて、子どもとの関係性をつくり、ビジョンを共有していく中で、教師が「こんなことをしてほしい。めざしたい」という意識の強さ、いい意味でのこだわりを子どもたちに示していくことが重要だということがよく分かりました。

質問です。授業映像の中で、「はい。端的に言いましょう」と菊池先生が言われた部分は、私にとっても大変学びになりました。この時期に「端的に言う」という指導は、議論の流れをつかむためとか、話し合いを成功体験にするためのものであることがよく分かりました。

菊池学級の子どもたちは、ゴールイメージをめざして考え続ける、というところに特徴があると思いました。その都度、その都度、あるいは、一瞬一瞬、思考を研ぎ澄ましながら、考え続ける子どもを育てようとされていました。

思考のスピードを求めていますが、その内容としてめざすところも、思いつきで話すレベルの浅いものではないとは思います。端的に話せるようになるという指導の一方、菊池先生は「じっくり考え合う」ということも言われています。「スピード」「端的」と「じっくり」という価値は、離れたことではないのか、それともどこかでつながっていることなのか、自分では分かりませんでした。

先ほど見せていただいた板書の中にも、「十分な準備」と書いてありましたが、話し合いのできる学級づくりをめざした時の「ビジョン」の示し方、学び方の指導についてお聞きしたいと思いました。よろしくお願いします。

菊池　１対１の時は、それぞれが補い合いながら対話や話し合いを進めていくと思います。その時には、特に間《ま》が空いた時には、じっくりと考え合っているのかなとその子の表情を見ます。
1人がクラス全員、例えば30人に対して言う場面は、「1対1」の話し合いとは違いますから、いい意味でスピーチ的な部分が出てくると思います。「こういうことでしたよね」「これでいいですよね」「そう言いましたよね」というような言葉を子ども同士が挟んでくるというのは、補い合ってよりよい話し合いにしたいという子どもたちの思いの表れだと思います。でも、「1対多」の話し合いでは、基本は、ある程度整った端的な言い方がベースだと思います。その辺りは、本当に微妙なさじ加減ではないかなと思いますね。もちろん、宮崎くんのような話し方をしていたとしても、周りの子が一生懸命に理解しようというような聞き方をしていて、そういう空気を私が感じられれば、「端的に言いましょう」とは、言わなかったと思います。
授業はやはり生ものです。テーマの問題、経験の問題、人数の問題などなど。いろいろ絡むからこそ、教師の役割はファシリテーターだと言われているのだと思っています。
教師が示した「ビジョン」があって、子どもたちがそこに向かって自分のキャラクターを出しながらみんなの総合力で、場面や局面に応じて様々な判断をしながらつくっていくのが、学級というチームだと思います。
いろいろな場でお話しすることですが、「話し方『あいうえお』」とか「聞き方『かきくけこ』」のような形式的な掲示物を教室に貼っただけで話し合いができるようになるものではないですよね。本当に学級の総合力だと思います。

質問者 ありがとうございました。

第 6 章

菊池道場長の授業に学ぶ ②
「海の命」「やまなし」

菊池　省三／牧野　真雄

第6章

菊池道場長の授業に学ぶ ②
「海の命」「やまなし」

菊池　省三／牧野　真雄

1 「対話・話し合い」のめざすところ

※牧野先生が報告をしつつ、菊池先生が解説を加える方法で分析を進めました。

牧野　今回は「1 年間を見通して」というテーマですから、堀井先生から動画を通して 5 月の「形成期」「混乱期」のお話をしていただきましたので、私は年度の後半の「標準期」「達成期」の 11 月、2 月の菊池学級の動画をもとに、お話をさせていただきます。

堀井先生のお話が話し合いの授業に関するものでしたので、それに関連させて話し合いの授業を先に取り上げます。

2 月の「海の命 (立松和平作)」を教材にした授業です。動画については、133 ページ以降に詳細を掲載しています。

毎熊　3 つ理由があって、1 つめは内川さんがさっき言ったので、2 つめが私の意見で、120、あ、199 ページの 7 行めのところに、「興奮していながら、太一は冷静だった」って書いてるじゃないですか。それは、興奮ってことは、クエを殺すことに夢中だったんですよ。それで、201 ページの 1 行めで、そのクエを「おとう」と思って、千びきに一ぴきのクエを取らなければっていうことを思ったのが私の意見です。3 つめが岡田さんの意見です。

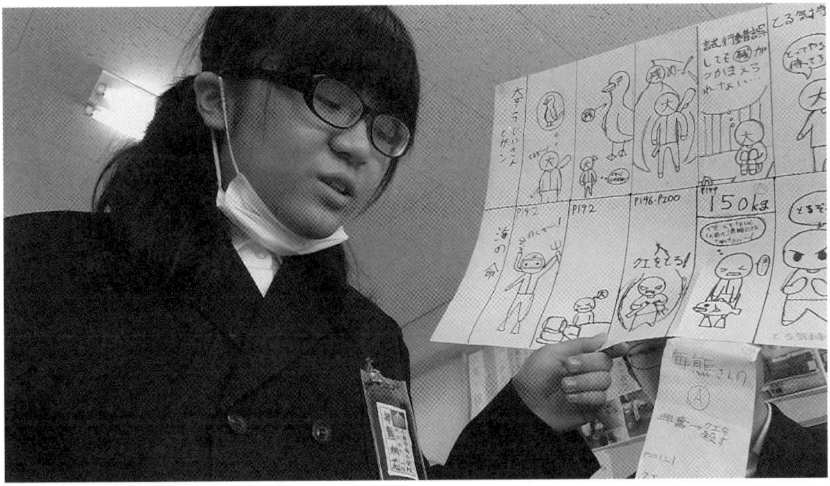

▲発言する毎熊さん

牧野 これに対して反論する部分です。

秋葉 さっき、大造じいさんと海の命を比べていたじゃないですか。大造じいさんで、なぜ変わったのかが分かりました。ですけど、大造じいさんで、あそこの部分で、残雪、鳥に対している気持ちが、思いがしなかったって言ってたじゃないですか。そしたら、なぜ、201ページのこの8、あ、201ページの一番最初の行がそのことと照らし合わされると言い切れるんですか。

内川 先ほども言いましたけれども、「おとう」と思ってますよね、クエを。ということで、もう魚に対しているような、魚に対していませんよね。

秋葉 じゃあ、大造じいさん…。

内川 待ってください、まだ言ってる途中ですから、そのあとにしてくださいね。あの魚に対しているような気がしませんね。おとうさんだと。人間だと思っているってことだから。なので、大造じいさんとガンでは、ある日、それに対しての気持ちがしなかった、それと同じように、魚に対しているような気がしなかったっていう文も、１つの理由として出します。

秋葉　それが変わった部分がどこかを今話し合ってるわけじゃないですか。それがなぜ８の部分なんですか。

内川　８の部分には魚に対して…。

▲反論する秋葉くん

牧野　３学期なので、ほぼ「達成期」に入っている時期だと思います。

先ほど見ていただいた授業の様子と明らかに、話し合いの空気感が違うなということを私は感じています。子どもたちは、「早く伝えよう」「短い時間で伝えよう」という意識をもっていることを強く感じます。伝えようとして考えながら話していますが、やはりスピードというものを強く意識して話していることが伝わってきます。

これは２月の教室の様子ですが、先ほどの５月から時間が大分経っていますが、菊池先生の中で、話し合いの「型」について、「大体この時期までは『型』ができあがって…」という目安のようなものはございますか。もちろん、学級によって差があるとは思いますが。

菊池 ありがとうございます。ご質問にお答えする前に、牧野さんのご指摘の中に、「伝えようとして考えながら話している」とありましたが、そういうふうに捉えていただいたこと、とても重要だと私も思っています。秋葉くんも、「待ってください、まだ言ってる途中ですから」と言った内川くんも、伝えようという思いがあふれていますね。言葉や口調や、身ぶり、手ぶりなどのしぐさが出ています。私は、そういったところをほめるのです。初期の段階は、確かに「型の通りに言えたね」とほめることもあると思います。でもこの時期になったら、伝えたい、伝え合いたい、そして、理解してもらいたいという意識は、自然なふるまいの中に出てくると思います。

だから、型を大切にしながら進めていきますが、それよりも本当に伝えようとしているから出てくる表情、口調、身ぶり、手ぶりということを評価し始めるようになるのです。そうした話し合いの表現みたいなことができて、ある程度成長のイメージが見えるようになるのは、11月か12月頃ではないかと思います。
「標準期」から「達成期」に向かっていく時期だと思います。

こういう場ですからあえて申し上げますが、「『型』を教えて、こんなことをしました」という報告は、文字原稿や静止画像とかだったら、それなりに伝えることはできると思います。志のある多くの先生方は、価値ある言葉を、新年度がスタートした4月7日から植林していきますから、そうした言葉をつないで、子どもたちの作文としての文章はある程度できてくると思います。でも、伝え合おうとしている空気感みたいなものは、今、私が言ったようなところを取り上げて価値付けてあげないと、そこまで行かないのではないかと思います。

そんなことを含めて考えると、伝え合える段階にまでなるのは、11月か12月頃かなと思います。

今私が取り組んでいる飛込授業でも、対立場面のところで、「口調が変わった」「伝えようという態度が変わった」ということが時々あります。そういう時は、伝え合うことができていることをほめることができます。「形成期」の段階でも、そういった子どもを見つけよう、そういった芯を見つけよう。そして、価値付けようとすることが、やはり大切なことだという気はしています。

牧野　ありがとうございます。先ほどの堀井先生が紹介された動画の中にあった、「意見を変える」ということは、とても重要な経験だと思います。

自分で考えて意見をまとめる。

それを主張する。

そして、相手の主張もきちんと聞く。

よく聞いて、それと自分の意見を照らし合わせて考える。

こうした結果、やはり自分の意見が正しいと思ったら改めて主張するわけです。ただ、考えた結果として、「自分の意見を変えます」「立場が変わりました」ということはなかなかできることではありません。

私は、いろいろな企業に研修でお伺いしますが、話し合いでできないことは、「自分が言ったことを、自分でもう一度考え直す」ということです。「一度言ったからには、ずっとそれは変えられない」のです。考えを変えることができないということは、自分の意見と違う人の意見を聞くことができないから変われないのだと、私は思っています。

その点を菊池先生は、「自分の意見とは違う人たちの議論も、まず、みんなで聞こう。聞いて考えようということを「形成期」「混乱期」の段階で子どもたちに伝え、実際に人の意見を受容し、それに基づいて考えを深めていくという経験を重ねることで議論ができるようになっていくのかなと捉えています。

菊池先生は、話し合いの中で立場を変えるという場面が起こる時には、あらかじめ誰に発言させるとか、変化の空気が起こるタイミングを見ながら進めるというようなことは、仕組まれているのでしょうか。

菊池　そうですね、最近の飛込授業の中で、分裂する発問をして立場を決めさせるということをほとんどします。その時には必ず「意見は『(仮)』です。このあとの話し合いで変わっていくものです。AからBに変わることもあるし、その逆の変わり方もあるけれど、それももちろんいいことですね」ということを、相当強めに言います。多くの子どもたちは、「最初に決めた意見は正解であるべきだし、最初に決めたことを変えてはいけない」と思い込んでいます。硬直した授業観に基づく授業を毎日受けることで、このことを当たり前だと思っているのです。

それは、「一人一人違っていい」という価値語と同じで、とても重要なキーワードだと、私は思っています。「変わっていいし、変わった方がいい」、その中で正解とか納得解を見つけていくという、次のステップの学びがあると思うのです。ただ、なかなかそこまで進んでいく教室は多くないですね。お互いが影響し合い、与え合って、考え合って、深め合っていく。その現象の一つとして、聞き合うということもあるでしょう。こうした全体の取り組みで、子どもたちが自分や自分たちの成長を実感するところまで引っ張り上げたいという気持ちがありますね。

牧野先生が冒頭言われたように、チームは成長するものですから、正解を見つけたというレベルではなくて、チームで話し合って、一度は意見を決めるけれど、話し合いをしていく中で変わっていく。こうしたことを教師が見通すことができているかが問われるのではないかと思っています。そこまでのビジョンは、教師の側がもっていて、そこに向かう過程の中で、例えば、話し方の口調の変化という細かな点でも、それができた子をその場でほめることができる、よく変わったねっていうようなことを価値付けてあげるというようなステップが年間を通して必要だと思います。全国の教室でそれが行われているか、はなはだ疑問です。

影響を与え合うということは、「形成期」でも若干あると思います。当然、「混乱期」にはあります。それらが頻繁に表れてきて、それらが共有の文化財産になるのが「標準期」から「達成期」ではないかなと思っています。

牧野　はい、ありがとうございます。そうですよね、用意した正解にたどりついたことをほめることが授業ではなくて、一度は言った自分の意見を変えて、変わったこと、変えられたことに拍手を贈り、ほめ合うということがとても重要なのではないかと思います。

菊池　動画の中で秋葉くんが意見を言っていました。この状態では、初めの授業動画の中での宮崎くんに対するように「端的に言いましょう」とは言えないですね。教室の空気も、彼の学びの姿勢についての空気も、「これでよし」というレベルになっているからです。そのことが大切です。秋葉くんがこのように発言することができているのは、話し合っている相手もそのレベルにあって、みんなが認めているからです。みんなが聴き浸っているからです。１学期の宮崎くんの場合は、相手も分からないし、周りも分からない状態でした。だから、「端的に言いましょう」と、私は判断したのかもしれないです。

2　成長段階における教師のファシリテーション

牧野　動画の続きを見ます

> **石田**　筆者は、こういう文を…。
>
> **菊池**　作者。
>
> **石田**　あ、作者が書くのは、伝えたいからですよね。読んでいる人にですよね。この「海の命」を書いた人は、立松和平さんじゃないですか。「大造じいさんとガン」を書いた人は違うじゃないですか、作者が。
>
> **菊池**　椋鳩十。
>
> **石田**　椋鳩十さんは、伝えたい気持ちが違うと思うんですね。その作者が伝えたい気持ちが読者に。だから、照らし合わせても、作者が違うんだから、伝えたい気持ちも変わるじゃないですか。だから、それを照らし合わせても意味がないと思います。

菊池 だから、照らし合わせていいか、ということを証明してほしいと。立証してほしいということ。関連したことありますか。関連。はい。じゃあ、はい

尾田 関連しているがどうか分からないですけど、さっき内川くんが「そのクエは、おとうさんを殺した張本人だと言っていましたよね。

内川 かもしれない。

尾田 目の色が違うんですよ。あのお父さんを殺したやつと、この150キロ「かもしれない」クエは違うんじゃないですか。

菊池 だから、違うんじゃないか。なるほど。はい。あ、そうだ。色の違いが言える人いますか。あ、すごいですね。はい、じゃあ、ちょっと。はい、中村さん。ちょっとそこで確認しましょう。

中村 新しい意見なんですけど。

▲発言する石田くん

牧野 菊池先生のファシリテーションの仕方が、変わってきていると思

います。学年の初めの頃には、「言い方」や「型」を指導されていたわけですが、この段階ではもうそのような指導はありません。話し合っている子どもたちは、ここでは主張し合っているというか、自分たちで本当はどうなんだろうということを見つけに行っているという気がします。お互いの主張を通じながら見つけに行っているという感じでしょうか。

対立構造のようではありながら、みんなで模索している本当のチームになってきていると私は捉えています。それぞれ違う主張、意見をもってはいるものの、「本当は、どれなんだろう」という問いに対する答えを、いろいろな素材や話題をたよりに、見つけに行こうとしているように思えます。

菊池先生は、そのように一生懸命話し合っている子どもたちを、サポートするというファシリテーションに変わってきているのではないかと、私には見えています。そのあたりは、菊池先生いかがですか。

菊池　なるほど。ありがとうございます。確かに、5月の段階では、「型」を重視して指導していたと思います。今の動画の中では、内川くんや眼鏡かけた女の子、毎熊さんと言いますが。5年生の時の教材の「大造じいさんとガン」の大造じいさんと6年生になって学んでいる「海の命」との共通点を出してきました。

私も秋葉くんが言っているように、それらを照らし合わせていいかということを立証する必要がある、ということを言ったのに、尾田さんは、新たに色のことを言って別の視点をもってきました。でも、私は、その議論の流れの中で、色の視点は切ってはいません。私が立証する必要があると言っている流れの中に、尾田さんが入ってくることができるようになったことを私は嬉しかったのです。色という別の視点をもって入ってきたこと、それは強い学び手ではないかと本当に思います。その強い学び手というのは、今、牧野先生がおっしゃったように、みんなで見つけていこう、いろいろな角度から考えようとしていることです。

２つの教材を比べた人たちに対して、なぜ比べることが必要か、比べてよいかという形式的で単純な議論の仕方にとどまることなく、様々な視点で本当の答えを求めて議論をしていこうという舞台に出てくることができるようになったわけですから、その視点を取り上げて、みんなで話し合おうよ、というファシリテートの仕方をしたわけです。

その意味では、確かに５月と比べて、ファシリテートの仕方が違っているなとご指摘をいただき、その通りだなと思いました。勉強になりました。

牧野　そうですね。話し合いについて、菊池先生がイメージしているものに、大分近づいて来たという感触があって、話し合いのファシリテートも変化してきているのかと感じました。

3　成長する個とチーム

牧野　別の動画を見て、新しい視点を提案したいと思います。

11 月の学校開放週間の中で、多くの参観者の前で行われた、「やまなし（宮沢賢治作）」という教材を使った授業です。（本書 145 ページ）

菊池先生のセミナーや講演会でたびたび紹介されてきたのでご存知の方も多いと思いますが、下堂薗くんという男の子がいました。菊池学級に５年生で入ってきた時は、茶髪でした。標準服も着ていませんでした。授業も聞かずに机に突っ伏して寝ているようなスタートでしたが、６年生の 11 月になり、話し合いの中でしっかり発言をしようとしている姿を見て、とても感動しました。動画が始まって４分ぐらいのところで、誰かが発言しているときに、隣に立っている子とふざけた感じでやり取りをしている様子が映っています。ただ、そこの部分で菊池先生は、注意はしてないようです。私の想像では、チーム全体を見てはいますが、やはり一人ひとりの児童を見て、それぞれに対応してどのような声かけをするかというところに、菊池先生の意識は集中しているのではないかと思います。

菊池先生が、その下堂薗くんをみんなの前でほめている場面をご覧ください。(動画の4分50秒辺り)

菊池　全然話違うこと言っていい？　彼が今こうやって立って、たくさんのこの状況の中で立っている。そしてものをしゃべろうとする、意見を言おうとする。彼にとっては大きな大きなことですよね。美しいと思います。いや、本当。はい。

一同　拍手

▲下堂薗くんをみんなの前でほめる菊池先生

牧野　多くの参観者の前で行われた、「やまなし」という教材を使った授業です。11月の「標準期」の段階かと思います。

ここでは、やはり、下堂薗くんのことをお聞きしたいと思います。

学校開放週間という機会で、菊池学級の様子をこの目で見たいと全国の先生方がたくさん参集されています。そうした中、菊池先生は、教室の子どもたちをいろいろな角度からほめていることが分かります。分からないことを図書館まで行って調べてきた子に対してほめている様子もありました。

4月のスタートの段階ではいろいろなお子さんがいたと思いますが、「標準期」に入って、学級全体も結構いい空気になってきているのを感じます。ただ、先ほど順番を入れ替えて、先に2月の「達成期」の話し合いの様子を動画で見ましたが、その時の様子とはまだ違うなということも思いました。

そうした中、下堂薗くんが話し合いの中に入って一生懸命発表している姿を見ると、本当にすごいなと感動しました。

下堂薗くんとの出会いから、こうして発表することができるまでに、菊池先生のいろいろなはたらきかけがあったかと思います。堀井先生が紹介された「ほめ言葉34連発」のような取り組みなど、いろいろなことをされたのだと思います。その関わりのプロセス、そして子どもたちの成長のプロセスを知りたいと強く思います。「形成期」の始まりの段階では、すぐには菊池学級の学びに入って行けない子もいると思います。そうした子たちを菊池先生はどのように見て、どのように接していくのか、その点をお話しいただけますでしょうか。

菊池　ありがとうございます。今年も新年度に入って約1か月のこの間に8時間の飛込授業をさせていただきました。これまでも思っていたことですが、初めての教室に行くと、最初に「気になる子」が目に入ってきます。その多くの場合は、一般的に「よくない子」と言われるような言動をする子であったり、あるいは、全く何もしない子であったりします。私は、1時間という限られた時間の中での出会いですから、十分かどうかは分かりませんが、一見マイナスとして評価されるようなことを取り上げて、その子をほめるのです。

例えば、言わなくてもいいようなことばかり絶えず言っているような子に対しては、「あ、君は頭の回転が速いね。よく聞いているから、今みたいなリアクションができるんだ。こういう友達がいると、みんなの反応も速くなって、みんなで学び合う教室になっていくよね。すごいじゃない」というように。

いわゆる「リフレーミング」と言われることと同じねらいだと思います。マイナスとして出ている言動をプラスにひっくり返して価値付けして、全体にシェアするわけです。その子が、よくない形で目立っているというか、そんな空気が教室にありますから、そういう価値付けをする中で、その子だけではなくて、周りの子どもたちを変えてもいく。それが、まず大原則ではないかと思います。

飛込授業が終わって校長室でふり返りをしていると、「あの子とあの子が、いつも教室をかき回してしまうキーパーソンなのですが、どうしてすぐに、あの子たちに声かけをしたり、そこに行ったりすることができたのですか？」とよく言われるのですが、別に特別なことではなくて、教室の前から見ると、そうした子たちは、少なくとも目立つわけです。

その子たちに対して、マイナスの評価をして結果的に排除の方の流れるような接し方をするのか、それをひっくり返してプラスにして、全体にシェアしていくかという違いで、それが学級をチームとして育てていくことができるかどうかのポイントだと思います。

後者の接し方をすれば、「頭の回転が速い！　思いついたね！　すぐに反応しよう！　こういう聞き方をしよう！　頭をはたらかせながら聞こう！」と教師が子どもたちに伝えることができれば、クラス全体が上がっていきます。これは、学級づくりの大原則の１つです。

この動画の少し前のところで、下堂薗くんの後ろにいて白いポロシャツを着た男の子が立っていました。秋葉くんです。先ほどの話し合いの動画の中にも出てきました。彼はとても優しい少年で、下堂薗くんととても仲がいいのです。秋葉くんは、下堂園くんと学級全体をつなぐキーパーソンだったと思います。

何が言いたいかというと、「個は集団との関係の中で変わっていく」ということも、大原則の一つとしてあるということです。ですから、その気になる子に対しては、プラスのアプローチをしてマイナスをひっくり返して価値付けていき、価値をシェアすることでその子を全体とつないでいくのです。そうした全体につなげる価値付けをしていましたが、秋葉くんがそのことに関わって一役買ってくれていたのです。秋葉くんは、下堂薗くんと一緒に勉強をするときは、初めに、勉強とは関係のない下堂薗くんの興味のある話題をふって、乗ってきたところで本題の学習に入っていくというようなことをしていました。教師が見て「すごいな！」と本当に思いました。

子どももそんなに急には変われません。一人ひとりの個性や能力の問題も当然関わってきます。ですから、「待つ」というこちらの構えも重要ですし、その時に教師とその子の間に立って同じ方向に進めるように導いてくれる友達も教室にはいるのです。教師がそういうことも信じられるかが問われると思います。

この動画に映っているようなたくさんのお客さんを教室に迎える学校開放週間などは、まさに非日常です。そうした機会も大切にして、成長が加速していく１つのきっかけとして活用しようと、私は心がけていたと思います。成長年表に記録されていく一つ一つも非日常です。係活動で活躍して、成功体験を積むことも非日常です。そうした機会を教師が積極的につくり、子どもたちと学級の成長に生かしていきたいと思います。

牧野　ありがとうございます。私からはチームビルディング、そして「タックマンモデル」の内の後半の２つの段階について考えてきました。

チームを育てると言っても、チームという組織だけを見るのではなくて、やはり「個」が重要で、「個」とチーム全体を見ながらで、先ほど菊池先生が紹介してくださった秋葉くんの例のように、例えば38人のチーム中で、38人が全員でなくてもいいので誰かとつながっていれば、最終的にみんながつながることになる、と私は思っています。
「ひとりをつくらない」という価値語がありますが、その子が誰かとつながっていれば、全体とつながっていくことができるということも重要なことだと思っています。

教師は、学級全体を見る必要があるわけですが、学級の中にもいろいろなチームがありますから、すでに申し上げた「2：6：2」の法則に従って言えば、まず、上の「2」の部分を伸ばしていきながら、下の「2」の子とつながっている子の果たす役割が大きいので、そこをしっかり見て、下の「2」を一緒に上げていくということを意識していただきたいと思います。

菊池先生は、そうしたチームビルディングの視点をもたれて、全体のバランスも見ながら、いろいろなアプローチをされていたということがよく分かりました。

チームが育つと、個が伸びていきます。ですから、伸びていくチーム・集団に、孤立しそうになっている子をいかにチームの中に入れてあげるかを考えて、その子が一緒に伸びていくことができるように、教師は配慮をしていただきたいと思います。

チームの協働意志ということを申し上げました。菊池学級では、「絶対に一人も見捨てない」という点で同じ方向での成長をめざしていることを感じることができました。

私は、菊池実践のすごさは、「一人も見捨てない」という点にあると確信しています。それを実現できるのは、全体と個を丁寧に見ながら、教師がしっかりとビジョンを掲げ、子どもたちに示すことで、全員としっかりつながっていく、子どもたち同士の横のつながりや関係性を見ることができているからだと思います。今日ご紹介した動画はそんな視点で選んだものです。

ありがとうございます。

使用動画の紹介【動画②】　菊池学級（6 年 1 組）

「海の命」

2015 年 2 月 20 日

https://youtu.be/5H749Cepbms（6 分 58 秒）

▲絵に表して説明

内川　まず僕たちは、「大造じいさんとガン」と「海の命」を比べてみました。なぜ比べたかというと、目的とか、とるものは違いますが、主人公の気持ち、とろうとしている気持ちとか、変わった部分とか、そういうところが、僕たちが考えて一緒だと思ったので、いろいろな場面が一致しているので、僕たちはこれで作りました。

岡田　今ちょっと、全部を説明するのは少し長くなるので、大々的に言うと、ここの部分でとろうと思うけどとれない。大造じいさんの場面では、試行錯誤を重ねても残雪にやられて、とれないっていうところが、大きく一致していて、あともう１つは、最後に逃がしたというところですね。「海の命」では、お父さんと思った。ここでは、なんか、棟梁としている姿で、ちょっと誇らしく思えて、私にはちょっと無理だと思って手当てをしていた。こんな卑怯なやり方ではだめだと。ここの共通点が似ているというところです。

内川　そして、なぜ、これを取らなかったっていう理由が、かなり似ています。ここでは、魚を、クエを、自分のお父さんだと思っていますよね。お父さんっていうのは、人間ですね。人間とクエっていうのは全く違いますよね。魚類と霊長類なんで。こっちは、鳥なんですけど。教科書に、鳥に対しているような気持ちがしなかったと書かれています。どちらとも、あの魚、鳥に対しているような気持ちがしなかった。気持ちがしなかったという同じようなあの面で、僕たちは比べたりもしました。まず、ここの意見は終わりです。

毎熊　でも、とらないと、一人前の漁師にはなれないっていうところで、帰納法で、3つ理由があって、1つめは内川さんがさっき言ったので、2つめが私の意見で、120、あ、199ページの7行めのところに、「興奮していながら、太一は冷静だった」って書いてるじゃないですか。それは、興奮ってことは、クエを殺すことに夢中だったんですよ。それで、201ページの1行めで、そのクエを「おとう」と思って、千びきに1ぴき、クエをとらなければっていうことを思ったのが私の意見です。3つめが岡田さんの意見です。

岡田　198ページを開けてください。

みんな　開けました。

岡田　最初の行に、「アワビもサザエもウニもたくさんいた」っていう、この文があるじゃないですか。「二十キロぐらいのクエも見かけた」から考えると、皆さん分かると思うんですけど、結構、大きいクエということが予想されます。そう考えると…。

内川　クエの平均体重が35キロぐらいで、あ、平均体重というか、一番大きいので35キロぐらいなんですよ。つまり、20キロっていうのは、かなり大きい方なんです。それをとらなかったのです。

岡田　そのような大きいクエもとらなかった。それほど熱中していたのに、とらなかったお父さんと親子の関係になったというところから、この 201 ページと考えました

内川　じゃあ、最後に結論を言います。「大造じいさんガン」で、残雪のことを、鳥だと思えなくて、とれませんでしたよね、これ、が「大造じいさんガン」の大造じいさんのガラリと変わったところでした。なので、それと同じような、太一が変わった場所も、これと同じようにも一緒なので、201 ページで変わりました、これで終わります。

みんな　拍手

菊池　はい。じゃあ 2 分間。はい。反論準備、どうぞ。

※ 2 分間、少人数による話し合い。

菊池　はい、じゃあ終わりね。

▲少人数による話し合い

使用動画の紹介【動画③】　菊池学級 (6 年 1 組)

「海の命」

2015 年 2 月 20 日

https://youtu.be/mry_H4WkSgg（14 分 32 秒）

秋葉　さっき、大造じいさんと海の命を比べていたじゃないですか。大造じいさんで、なぜ変わったのかが分かりました。ですけど、大造じいさんで、あそこの部分で、残雪、鳥に対している気持ちが、思いがしなかったって言ってたじゃないですか。そしたら、なぜ、201 ページのこの 8、あ、201 ページの一番最初の行がそこと照らし合されると言い切れるんですか。

内川　先ほども言いましたけれども、「おとう」と思ってますよね、クエを。ということで、もう魚に対しているような、魚に対していませんよね。

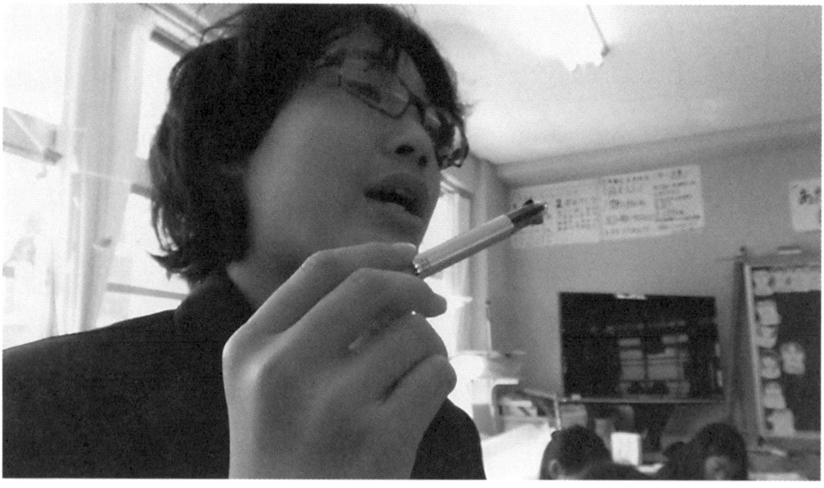

▲秋葉くんの主張

秋葉　じゃあ、大造じいさん…。

内川　待ってください。まだ言ってる途中ですから。そのあとにしてくださいね。あの魚に対しているような気がしませんね。おとうさんだと。人間だと思っているってことから。なので、「大造じいさんとガン」では、ある日、それに対しての気持ちがしなかった、それと同じように、魚に対しているような気がしなかったっていう文も、１つの理由として出します。

秋葉　「それが変わった部分がどこか」を今話し合ってるわけじゃないですか。それが、なぜ８の部分なんですか。

内川　８の部分には魚に対して…。

秋葉　ただ、お父さんって考えているだけなんですよ。じゃあ、なぜそこが大造じいさんとそこと同じ（ように）照らし合わされているんですか。

内川　あの、１行めに「おとう、ここにおられたんですか。また会いに来ますから」と書いてありますよね。

秋葉　はい。書いてあります。

内川　元々、この海に入ったのは、何をとるためですか。

秋葉　サザエ。

内川　サザエ？

秋葉　クエです。

内川　クエですよね。瀬の主ですよね。その主をとろうとして、そのためだけにもぐったんですよ、今回は。201ページで出会ったクエが、お父さんを殺したかもしれないあの瀬の主で。お父さんを殺した瀬の主かもしれない。それで、そんな殺した人のことを、太一は、お父さんだと思いたくなかったんじゃないですか。

宮崎　その意見を聞くと、198ページの「アワビもサザエもウニもたくさんいた。激しい潮の流れに守られるようにして生きている。二十キロぐらいのクエを見かけた。だが、太一は興味をもてなかった」という文は、どうなんですか。

内川　だから、「興味をもてなかった」、つまり、クエをとるためだけに入ったようなものってことです。

宮崎　でも…。

内川　ちょちょ、ちょちょ、ちょちょと。先ほどのちょっと続きを言っていいですか。秋葉くんのやつで。「おとう」を殺したかもしれないから、「おとう」と思いたくなかったかもしれない。それで、殺した超本人を「おとう」だと思うことは、もう、クエを殺したのはもうどうでもいいから、もうそれは認めて、もう、殺した…。

菊池　だから、ガラリと変わったところだと言ってるわけね。

岡田　ちなみに、その殺したということが、一応、証言、殺したと思ってるんではないかという部分は、199 ページの「父を破った瀬の主なのかもしれない」というところです。

宮崎　ちょっと話がずれています。修正をすると、秋葉くんが言っているのは、なぜあの魚に対しているようには思えなかったと、鳥に対して思えなかったっていうのが、この 8、「おとう、ここにおられたのですか。また会いに来ますから。こう思うことによって、太一は瀬の主を殺さないで済んだのだ。大魚はこの海の命だと思えた」っていうのは、なぜそうやって照らし合わせるのかが分かりません、って言ってる。

菊池　関連した質問あります？　ちょっと待ってね。はい。

石田　筆者は、こういう文を…。

菊池　作者。

石田　あ、作者が書くのは、伝えたいからですよね。読んでいる人にですよね。この「海の命」を書いた人は、立松和平さんじゃないですか。「大造じいさんとガン」を書いた人は違うじゃないですか、作者が。

菊池　椋鳩十。

石田　椋鳩十さんは、伝えたい気持ちが違うと思うんですね。その作者が伝えたい気持ちが読者に。だから、照らし合わせても、作者が違うんだから、伝えたい気持ちも変わるじゃないですか。だから、それを

▲尾田さんが発言

照らし合わせても意味がないと思います。

菊池　だから、照らし合わせていいか、ということを証明してほしいと。立証してほしいということ。関連したことありますか。関連。はい。じゃあ、はい

尾田　関連しているがどうか分からないですけど、内川くんが今さっき「そのクエは、おとうさんを殺した張本人だ」と言っていましたよね。

内川　かもしれない。

尾田　目の色が違うんですよ。あのお父さんを殺したやつと、この150キロ「かもしれない」クエは、違うんじゃないですか。

菊池　だから、違うんじゃないか。なるほど。はい。色の違いが言える人いますか。あ、すごいですね。はい、じゃあ、ちょっと。はい、中村円郁さん。ちょっとそこで確認しましょう。

中村円郁　行間の新しい意見なんですけど。

菊池　目の色の違いと関係するわけですね。

中村円郁　192ページの3行めを見てください。

菊池　はい。192。

中村円郁　これは、光る緑色の目をしたクエがいたと書いてあるじゃないですか。これでクエの目の色は緑色って分かるじゃないですか。でも、198ページに青い目があるって書いてあるじゃないですか。

菊池　最後の行ね。はい。

中村円郁　緑から青に変わってるじゃないですか。それは、その行間で、太一は、緑から青に変わってるから、色が変わってるから、父が乗り移ったと考えたと思ったのかなと思ったんですよ。だから、その「千びきいるうち一ぴき」という言葉もあって、殺さずにこの201ページの1行めの言葉があるんじゃないですか。

岡田　いいですか？

菊池　ちょっと待って。まだ、あったらいい。ちょっと待って。今のところは、ちょっと色が出てきて、違うっていうことになってるんだよね。それを踏まえて、「大造じいさんとガン」のことと、色の違いという…。

内川　ちょっとあの質問に答えたいんですけど。

菊池　あ、なるほど。

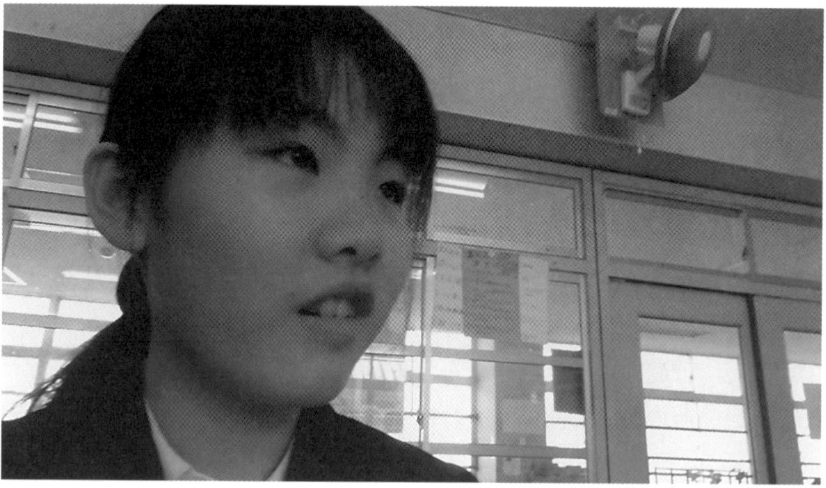

▲色についての視点を主張

内川　まず、答えていいですか。

菊池　こっちの質問ね。はい、

内川　こっちの質問に答えます。

菊池　「大造じいさんとガン」と同じと捉えていいという…。

内川　そうではなくて、あの色…。

菊池　色のことね。じゃあ、色のことね。はい。

内川　色が違うって言ってましたよね。192 ページをみなさん見てください。

みんな　見ました。

内川　ここに、「ある日、父は、夕方になっても帰らなかった。空っぽの父の船が瀬で見つかり、仲間の漁師が、引き潮を待ってもぐってみると、父やロープを体に巻いたまま、水中でことされていた。ロープのもう一先には、光る緑色の目をしたクエがいたという」この仲間の漁師がもぐって、それで、あの光る緑色の目をしたクエがいたんですよ。198 ページを見てください。「太一は海草のゆれる穴のおくに、青い宝石の目を見た」－「青い」って書いてますよね。確かに色は違いますが、そもそも見ている人が違うんですよ。

みんな　ああ。

内川　仲間が見て、仲間の漁師が見ているんです、緑色の目は。198 ページには、太一が青い目を見たのだから、そもそも違うので…。

中村愛海　それはそう思います、私も。

菊池　じゃあ、ちょっと待ってね。はい。まだほかの反論。ちょっと違うのいきましょうか？　質問？　じゃあ、こっちから行きましょうか。ちょっと全然違う質問なんだ。

石田　答えてない人が 2 人いるじゃないですか。下堂園くんと竹内さんが。ああ、付《ふ》くんも。じゃあ、その 3 人にその理由を聞きたいんですけど。一人ずつどう思っているのか、201 ページの意見を言ってもらいたいんです。個人の。はい。だから言える人から。

付　岡田くんの意見でありましたが、まずそれ僕が考えたんですけど。

まずですね、20キロぐらいのクエを見かけたんですよ。20キロって言ってたんですけど、内川くんがさっき言ったように、35キロは一番最高のクエって言ってたじゃないですか。もうかなり大きいクエなんですよ。倍にもなってないぐらい。だから、そういうクエも見かけたのに、全く興味を示してないんですよ、太一は。なのに、「おとう」を殺したクエを、似ているクエを見かけたら、なんて言えばいいんですかね、興味をすごく示していたんですよ。しかも、太一って、本当は主を見てないじゃないですか、1度も。なのに、すぐぱっと分かるぐらいに、でかかったっていうことが分かるので、分かるので…。

菊池　分かりました。基本的に似てるから。ちょっと違う質問、反論をちょっと全部出しましょう、今日は。はい、全く別の発問？　質問？　反論、はい。

石田　別のかは…。その行間の人が「海の命」だから、命に関わることって言ってたじゃないですか。このテストにも80パーセントの確率で書いてるんですけど、最後の6の問題で…。

菊池　正答率が80パーセント。当たるんじゃなくて、答えた子どもの80パーセントが大体○がつきますっていう…。

石田　テストの回答権を利用するというか、そういう感じになるんですけど、「太一が、『大魚はこの海の命だ」と思ったのはどうしてですか。一つに○をつけましょう」』とあって、○がついてるのは、「この魚が海の生き物たちやおとうたちの命を表しているように思えたから」って書いています。

菊池　正解がね。

石田　はい。それで、8で、「『おとう、ここにおられたのですか。また会いに来ますから。』こう思うことによって、太一は瀬の主を殺さないで済んだのだ。大魚はこの海の命だと思えた」って書いてあって。その後に、「太一は瀬の主を殺さないで済んだのだ」って書いてあって、その、「済んだ」っていうことは、行動をしなかったってことじゃないですか。その、「もりの刃先を足の方にどけ」とあるように…。

岡田　あ、その件でいいですか？

内川　ちょっと待って。ちょっとこれ、いいですか。

石田　はい。

岡田　過去を表しているっていう意味ではないんですよ。なんでですか。あ、ちょっと待ってください。いやいやいや。

※複数の意見が同時に出される。

菊池　ちょっと、つけたし的な。

中村　はい。今、なんか岡田くんが言ったこと。

岡田　その過去で思っている、あなたたちの意見でいくとですよ、私はそうは思いませんけど。あなたたちの意見でいくと、その「クエに向かってもう一度えがおを作った」。ここではクエと思ってるわけですよ。つまり、ここで、思っていたのであれば、「おとう」と思いたくないから、クエと呼んでいた。つまり、これは無理矢理クエと言ってるわけです。それが、ここでお父さんというになって、完璧に意見が変わっている。

菊池　ちょっと切りましょう。

▲力説する岡田くん

中村　まず１つめの、さっきの、何でしたっけ。「こう思うことによって」でしたっけ。岡田くんは、私たちに、前、質問してきたじゃないですか。

岡田　しましたっけ。

中村　具体的に文章のどれが過去を表しているか、みたいな。

岡田　あ、いいです。

中村　「こう思うことによって」で、私たちが考えているのは、「こう思うことによって、「太一は瀬の主を殺さないで済んだのだ」と、さっき石田くんが言ったように、「済んだ」っていうのは、しなかったっていう意味じゃないじゃないですか。分かりますか。だから、「済んだのだ」っていうのは、さっき内川くんも納得してて、だから、それを私たちが、６って言ってる。そこでガラリと変わったって言ってる。

※複数の意見が同時に出される。

中村　さっき、ここにクエって書いてるって言ってたじゃないですか。

使用動画の紹介【動画④】 菊池学級（6年1組）

「やまなし」

2014年11月4日

https://youtu.be/byUObkH4Uig（10分33秒）

▲意見を変えようとしている子に挙手を求める

菊池　変わりたいっていう人がいるみたいなんだけど、います？

何人か　はい。

菊池　めっちゃ、端的に言ってもらっていい？

岡田　はい。私は8センチから38センチに変わります。理由は、ぼくが知っている谷川がちょうどこの太もものつけ根の38センチのところだからです。

菊池　なるほどね。

元山　私は、1メートルから2メートルの間に変わろうと思います。理由は、カワセミのくちばしが大きいらしいんですよ、結構。だから大きいんだったら、それなりの深さじゃないと魚を食べることができないから、深いんじゃないかなと思いました。

菊池　はい。どうぞ。

内川　ぼくは、30センチから50センチに変わりますと。理由は、カワセミが20センチ、30センチぐらいもぐると聞いたので、30センチだったらぎりぎりまでズボッと入って、目の前でカワセミがとっていることになるので、このお話の表現に合わないので、そうしたらもう少し深い50センチかなと思いました。

石田　ぼくもです。30センチぐらいから50センチになります。

菊池　はい。

石田　理由は、その、図鑑を見たんですけど、そこには、カワセミは体が17センチぐらいで、もぐるのが20センチぐらいって書いてあって、写真が載ってたんですよ。で、その魚が…。

菊池　石田くん、一番聞いてないように人をガン見しながら言って。

石田　（周囲をキョロキョロと見回して）魚の写真を見ると、魚が一番深いところにいたんですよ。教科書に書いてあるのが、一ぴきの魚が…。

石田　103ページの4行めに「一ぴきの魚が…」。

▲聞いていない人がいないか周囲を見回す

菊池　誰でも開けられる時間がいるんじゃない？　３秒くらい。

石田　103ページを開けてください。

みんな　開けました。

石田　103ページに「一ぴきの魚が頭の上を過ぎていきました」ってあるじゃないですか。その文で、魚が深いところにいる魚より深いところにいるんですよ。だから、それをめがけて、カワセミが20センチから飛んでくるから、30センチだとカワセミが20センチの深さぐらい飛ぶから…。

菊池　偉いね。うんうん、ってうなずきながら聞いてるもん。1980年代ですよ。大体そんなのは。

石田　それで20センチぐらいに…。

菊池　うん、うん。

石田　魚をとらえるから…。

菊池　ほうほう。

石田　10センチしかあまりがないじゃないですか。その中で魚が逃げ切れるっていうか、生きれるのはおかしいから、50センチぐらいあまりがあると思うから50センチにしました。

秋葉　１メートル弱だけど、20センチに変わります。理由は決定的な根拠があるので、あとで言います。

参観者　おーっ！

菊池　先生方みたいに、「おーっ！」って言うんだ。もう１回。

みんな　おーっ！

菊池　全然話違うこと言っていい？　彼が今こうやって立って、たくさんのこの状況の中で立っている。そしてものをしゃべろうとする、意見を言おうとする。彼にとっては大きな大きなことですよね。美しいと思います。いや、本当。素晴らしい。はい。

一同　拍手

下堂薗　ぼくも、秋葉くんと似ていて…。

菊池　みんなの「おーっ！」がほしいだろ。はい。

▲みんなで拍手

※参観者の一人であるエイジーニョさん（菊池先生のかつての教え子）が下堂薗君に耳打ちをする。

下堂薗　1メートルのところから、10センチあたりに移動します。

みんな　おーっ！

菊池　はい。ということで、じゃあまずここ（3メートルの意見）を潰しましょう

みんな　えーっ。

菊池　はい。では2人ね。鶴くんたちが言うのちょっと待ってくださいね。2人vs全員ですからね。いい？　鶴くんの方からいいですか？

鶴　はい。ぼくが、大体3メートルあたりとした理由は、107ページを見てください。107ページの4行めの下に、お魚が上へ上っていったよ、とあります。分かりますか。

みんな　はい。

鶴　これが書いてあるってことは、魚は、上下自由に、まあ広いっちゃ広いかもしれないけど、上下自由に泳ぐことができる範囲と考えられる深さと考えました。そして、111ページを見てください。111ページの1行めに「カワセミだ」と書いてあります。これは、カワセミ

▲２人 vs 全員での討論

を辞書で調べた結果、くちばしの長い鳥と書いてあって、さっき秋葉くんが、あ、秋葉くんじゃない、石田君がもぐるのが 20 センチくらいあと言ったけど、20 センチぐらいあるんだったら、まず（深さが）8 センチとかその辺は絶対ないと思うので、ぼくは、この３メーターあたりにしました。

山形　ぼくは、106 ページの８行めに「魚の白い腹がぎらっと光って一ぺんひるがえり」とあって、「一ぺんひるがえ」るってことは、ほどほどの深さが必要だと思います。カワセミのことなんですけど、カワセミは、107 ページの７行め、あ、８行めのところに、「安心しろ。おれたちに構わないんだから」と書いてあるんで、「構わない」ってことは、そこそこの高さがあるから届かなことがあると思うので、深くもぐった長さが 20 センチ以上だとしても、１メーター２メーター以上あるのではないかと考えたため、３メートルにしました。

菊池　はい。じゃあ、近くの人と、２人に対する反対意見を考えましょう。はい。

※となりの人同士で話し合いをする。

第 7 章

セミナー視聴者からの講師への質問 ②

第７章

セミナー視聴者からの講師への質問②

Q　素晴らしいお話、ありがとうございました。

第４章で取り上げられた動画に戻っての質問です。

私自身、とても気になっているところがあります。

私も、魚住さんが、６年生になってから菊池学級に入ったということは知りませんでした。１か月しか経っていない中で、あの元山さんの迫力に対抗できているというか、向かい合えているということは、すごいことではないかと思います。１か月間でそこまで成長したということは、すごいと思いましたし、率直に驚きました。

「どうして、1か月でここに行き着いたのだろう」と考えてみました。そこには、やはり絶対的な安心感と、日々の中にたくさんの成長の事実があったのではないかと想像しました。そうした成長の事実があって、ひるまずに学習を続けていけば、もっと成長できるという強い覚悟や思いがあって、食らいついていくような姿勢が生まれているのかな、と思いました。

菊池先生は、１か月の間、魚住さんと接していて、なぜ、彼女がそこまで強い学び手に育ったのか、という点についてどのようにお考えか、お聞かせください。

A　菊池

私が若い頃、クラス替えはほぼ毎年ありました。だいたい学年３クラスが平均で、新しい学年になる時は、その３つのクラスから３分の１ずつ集まって、新しいクラスを編成していました。

当時教育界では、「前学年から担任していた児童と、新しく担任する児童の差をどうしようか。差をどうやって埋めようか」ということが、結構話題になっていたと思います。

私は、多少神経を使っていた部分もあったとは思いますが、途中からはほとんど気にしなくなりました。教師が、変にそういうことを意識し過ぎるのは、クラスの子どもたちを統率するという基本的な考え方があるために、違いを少なくするために整備していくという発想でなのではないか、そもそもそうしたことが話題になっているのは、統率型の考えが教育界に広くあるからではないかと思ったのです。

そうしたことに教師が必要以上に気を遣わなくても、今日、お二人の先生がお話しされたように、子どもを信じていれば、子ども同士は、教師が想像する以上に、自由にというか、伸びやかにというか、調整し合うのではないかと思うのです。

以前、牧野先生から「菊池先生は、子どもたちへの指示を、10割分からせようとはしていなくて、８割くらい分かればいい、と思っているのではないか。そして、２割は、子ども同士が補い合えばいいと思っているのではないか。そういう指示の仕方をしていると私は分析している」というご指摘をいただいたことがあります。私にとっては、そのご指摘は相当心に残りました。

２クラスや３クラスが一緒に、新しいクラスをつくったとしても、教師が「こういうことするよ」と言ったら、子ども同士で調整し合って、どの子も一緒になって、全体で上がっていくのではないかと思っています。

今、ご指摘いただいたように、元山さんは、５年生の時にはディベートに取り組んでいますから、「～と思います」ではなくて、「～です」と言い切るんだよという指導を身につけていたのです。そのこと自体は素晴らしいけれども、その「出し方」が悪いのです。だから、あの場面では、魚住さんに言い方の指導をするよりも、元山さんに「出し方」の点の指導をする必要があったのです。

そうしたことを丁寧にやり合うことが、同じ６年１組の仲間になったということを自覚することだと思います。

元山さんは、純粋に頑張っているところを出したかったから、あのような形になったことは分かります。ただ、子ども同士がその辺を補い合うことをしますから、私がマイナスを指摘することも、子ども同士が変に指摘し合うことも必要ないのではないかと思うのです。

初めて新しい学びに出合う子に対しての配慮は当然必要ですが、学びの中で、子ども同士がそのことをやってくれるし、新しい集団、学級、チームであればこそ、それができるという確信が私の中にはあったのではないかと思います。

そのこととは別に、もっと子どもの同士の関わりというか、みんな生きて頑張っているということを、私は自分に言い聞かせるようにしていますが、その点を教師は、もっと信じていくべきではないかと思っています。

一方で、時が立てば、どの子も同じ歩調で、ビジョンに向かって成長し合うわけではないということも、今自分で言いながら、改めて思った部分もあります。

質問者　ありがとうございます。教師が信じる気持ちを強くもてば、子どもたちは、関わり合って調整し合っていくということがよく分かりました。教師の教育観が子どもたちに根づいていくのだろうということをお話を聞きながら思いました。ありがとうございました。

おわりに

「対症療法」ではない学びをしよう

菊池道場　道場長

菊池　省三

おわりに

「対症療法」ではない学びをしよう

菊池道場　道場長　菊池　省三

ありがとうございました。

改めて、この連続セミナーの開催を、本当に幸せなことだと思っています。

今、世の中で数々のセミナーが、対面、オンラインなど、いろいろな形で開催されていることと思います。

今日、連続５回の内の第１回が終わった今、あえて申し上げたいのです。

「菊池道場の実践、研究はどこにも負けないぞ」

と。

このあとも続きます。さらに、濃い内容になっていくのではないかと予想します。

１回単位の視聴も可能です。

是非、今日ご参加された先生方は、お近くの先生方やお仲間の先生に声をかけてください。

より多くの方たちと学び合いたいと強く願っています。学びにおいても、数は力ですから。

私自身、この５月の連休が終わりましたら、また、全国各地にお伺いいたします。

今日お話ししましたが、その時その時の対症療法、指導法の羅列では何も解決しないのです。

今日の牧野先生、堀井先生の分析された内容や提案を聞かせていただきながら、「1年間の見通し」をどうもつかということについて、改めて学んでいきたいと思いました。
「タックマンモデル」を土台として、軸として理論を整理し、「5分の1黒板」などの実践もさらに深めて、ゴールイメージを具現化していくための在り方についても深めていきたいと思います。
　そうすることで、私たちが主張していることに、いい意味で一般性をもたせることができるのではないかと思います。
　このあとも続く連続講座をもとに、今後も元気よく頑張っていこうと思います。
　本当に感謝の気持ちでいっぱいです。
　オンラインで視聴していただいた先生方も、本当にありがとうございました。

2023年5月3日

①本書は、2023年5月3日に行われた「機関誌・書籍で学ぶ　菊池道場オンライン連続セミナー　第1回」の内容をもとに、加筆・修正をして編集したものです。

②本書で紹介している4本の動画は、菊池省三氏が撮影したもので、児童本人および保護者の承諾を得て、収録しています。

●著者……………………………………………………………………………………

菊池省三（きくち・しょうぞう）

1959年愛媛県生まれ。「菊池道場」道場長。元福岡県北九州市公立小学校教諭。山口大学教育学部卒業。文部科学省の「『熟議』に基づく教育政策形成の在り方に関する懇談会」委員。大分県中津市教育スーパーアドバイザー、三重県松阪市学級経営マイスター、岡山県浅口市学級経営アドバイザー　兵庫県西脇市教育スーパーアンバサダー、山梨県富士河口湖町教育アドバイザー、滋賀県湖南市学力向上アドバイザー　等。
著書は、「先生の相談室　100の質問にズバリ回答」「授業を変えよう」「『５分の１黒板』からの授業革命　新時代の白熱する教室のつくり方（コミュニケーション科叢書３）」（以上、中村堂）など多数。

牧野真雄（まきの・まさお）

プロフィールは、本文６ページを参照してください。

堀井悠平（ほりい・ゆうへい）

プロフィールは、本文７ページを参照してください。

クラスづくりのゴールイメージ
（菊池道場連続セミナーシリーズ１）

2023年８月１日　第１刷発行

著　／菊池省三　牧野真雄　堀井悠平
発行者／中村宏隆
発行所／株式会社　中村堂
〒104-0043　東京都中央区湊3-11-7
湊92ビル4F
Tel.03-5244-9939　Fax.03-5244-9938
ホームページ　http://www.nakadoh.com

編集・印刷・製本／株式会社丸井工文社

◆定価はカバーに記載してあります。
◆乱丁・落丁の場合はお取り替えいたします。

ISBN978-4-907571-89-4

本セミナーで使用した書籍

コミュニケーション科叢書②

社会を生きぬく力は
小学校１時間の授業にあった

菊池省三氏の授業を、①教育カウンセリング　②コミュニケーション心理学(NLP理論)　③選択理論心理学　④チームビルディング(統合組織開発)の視点で徹底分析!!

【編】菊池省三

定価 2,750円(本体2,500円+税)　ISBN 978-4-907571-77-1

YouTube 特典動画付

今の教室を創る　菊池道場機関誌

白熱する教室

第28号
(2022年春号)

特集は、新年度のスタート時必読の「『タックマンモデル』で成長の1年間を構想する」です。「1年間の学級経営」に、『タックマンモデル』の考え方を当てはめ、子どもたちの成長の1年間を構想します。

【編集長】菊池省三　　【特集執筆】菊池道場全国メンバー

定価 1,650円(本体1,500円+税)　ISBN 978-4-907571-81-8

コミュニケーション科叢書③

「５分の１黒板」からの授業革命
新時代の白熱する教室のつくり方

「高段の芸」と言われた討論の授業を先達の指導の成果に立ち、だれでもできる新時代の指導として全面開示。菊池道場オリジナル実践「5分の1黒板」を徹底解説!!

【著】菊池省三／菊池道場徳島支部

定価 2,750円(本体2,500円+税)　ISBN 978-4-907571-80-1

YouTube 特典動画付

■ご購入は
①全国の書店で
②Amazonで　https://www.amazon.co.jp/
③弊社ホームページ内、STOREへ　https://nakadoh.stores.jp/

株式会社 中村堂
〒104-0043 東京都中央区湊3-11-7　湊92ビル4F　Tel.03-5244-9939　Fax.03-5244-9938